성지순례

말씀따라 떠난
패키지 여행기

PROLOGUE 여는 글

나는 여행을 좋아한다. 여행은 다가올 미래에 대해 많은 생각을 가지게 하며 아픈 과거나 삶의 상처에서 벗어나게 한다. 떠나는 곳마다 손 내밀어 주는 사람이 있어 행복하고 동행하는 일행들이 있어 든든하다. 또 일상에 지친 몸과 마음을 다양한 사람들을 만남으로 쉼과 추억을 만들어 준다.

2003년, 성지순례에 뜻 있는 장로와 집사들이 성지순례회를 조직했다. 조직할 때는 꼭 다녀오리라는 확신보다 그저 다녀오면 좋고 그게 아니더라도 좋은 사람들끼리 친목을 도모한다는 가벼운 마음으로 이 모임을 만들었다. 그러나 모임을 할수록 성지순례에 대한 열망과 필요성을 느끼게 되었다. 그래서 많은 어려움 가운데 1차 성지순례(이집트, 이스라엘, 요르단)를 다녀왔다.

하나님께서 이스라엘 백성의 신음 소리를 들으시고 약속의 땅 가나안으로 그 민족을 인도하여 내신 그곳, 홍해 바다가 가로막고 40년 동안 유랑했던 그 광야, 우리는 출애굽의 여정을 따라 홍해를 건넜고 이스라엘 백성이 느꼈던 목마름과 원망, 울부짖는 부르짖음이 있었던 광야를 체험했다. 그리고 예수님이 태어나 자라고 공생애와 죽음, 부활을 지켜보았던 베들레헴과 갈릴리, 예루살렘을 비롯한 많은 사역지를 둘러보았다. 누구나 꿈은 꿀 수 있지만 아무나 실행하기는 어려운 그 땅을 순례한 것은 하나님의 은혜요 축복이었다.

1차 여행을 다녀온 지 4년 만에 사도 바울의 행적과 흔적을 살펴보고 그분의 선교 열정과 숨결을 느껴보기 위해 또다시 2차 성지순례(터키, 그리스, 그리고 그분이 순교한 로마)를 떠났다. 모진 고난과 핍박, 신체적 고통은 물론 목숨도 아끼지 않으며 그분이 전하고자 했던 그 복음 선교현장을 둘러본다는 것은 분명 행운이었다.

파괴되고 무너져 돌덩이로 존재하는 소아시아 7개 교회와 그리스 선교유적지를 둘러본 우리는 다시 종교 개혁지라는 목표를 세웠다. 비록 성경에 나오는 지명과 인물이 없어 느끼는 신비감이나 설렘은 1,2차에 비해 떨어질 수 있었다. 하지만 교회가 사회로부터 지탄받고 타락해갈 때 죽음도 두려워하지 않고 외쳤던 믿음의 선각자들이 지키고 서 있던 곳이다. 그들의 외침이 온갖 핍박과 고난, 생명의 위협에서도 담대히 그리스도를 증거했던 사도바울의 뒤를 이은 것이기에 순례지로서 충분한 답이 된다고 생각했다.

130년 전, 이 땅에 복음이 전파된 이래 한국교회는 놀랄만한 성장을 이어갔다. 하지만 지금 한국교회는 세상과 너무 쉽게 타협했다. 세속화와 분열, 명예욕과 물질욕, 화려하고 웅장한 성전의 건축, 이단들의 득세, 동성애 등 반사회적 움직임에 미온적 대처와 대형교회의 세습, 일부 목회자들의 연이은 성 추문 등으로 사회로부터 비난받고 반기독교 세력들의 무차별 공격으로 위기를 맞고 있다. 하나님께서 우리를 이곳으로 인도하심은 한국교회 회복을 위해 기도할 때라는 것을 보여주심이라 생각한다.

순례여행을 통해 우리는 가슴에 변화와 울림을 느끼고 왔다. 거창한 외침이 아니더라도 자신의 믿음을 돌아보라는 소중한 음성을 들었다고 생각한다. 믿음의 선각자들이 목숨 걸고 증거하며 우리 가슴에 남긴 소중한 가치 '오직 예수', '오직 말씀', '오직 은혜'를 되새기는 시간이었다. 이제 우리에게 주어진 순례 시간은 지나갔지만 그 감동과 감격, 우리 가슴에 남긴 소중한 가치는 영원히 간직 하게 될 것이다.

2018년 1월 하일청장로

CONTENTS 차례

프롤로그

1장 출애굽 여정을 따라

1. 이집트 Egypt

룩소르	10
카드락 신전	12
룩소르 신전	16
왕가의 계곡	18
핫셉슈트 장제전	18
멤논의 거상	20
카이로행 열차	22
카이로	22
피라미드와 스핑크스	23
고고학 박물관	28
나일강 페루카	30
예수님 피난교회	31
비돔성	32
홍해를 건너다	34
마라	35
유황동굴/르비딤	36
시내 산/성 캐더린 수도원	40

2. 이스라엘 Israel

에일랏	49
맛사다/엔게디	51
사해	53
여리고/엘리사의샘/시험산	56
쿰란	58
예루살렘	62
승천 기념교회	66
주기도문 교회	66
눈물교회	67
만국교회	68
마가의 다락방/다윗왕 가묘	69
베드로 통곡 교회	71
예루살렘성	73
베데스다 연못/성 안나교회	73
예수님의 고난	75
통곡의 벽	84
베들레헴	85
예수님 탄생교회	86
목자들의 들판교회	88
상부 이스라엘	89
가이사랴	89
갈멜산	92
므깃도	93
나사렛	94
마리아 수태고지교회	95
요셉기념교회/가나교회	96
갈릴리호수/주일예배	98
상부 갈릴리	99
골란고원/가이사랴 빌립보/텔단	100
고라신/가버나움/팔복교회/	
오병이어/수위권 교회	106

3. 요르단 Jordan

카락성	111
모세의 샘물	114
페트라	114
요단강 세례터	118
느보산	119

2장 사도바울의 숨결과 흔적을 찾아

1. 터키 Turkey

갑바도기아	124
괴레메 계곡	126
데린쿠유	128
안탈리야	131
하드리누스의 문	131
케코바	132
라오디기아 교회	134
파묵칼레	137
빌라델비아 교회	138
사데교회	140
사도요한 기념교회	142
에베소 유적지	143
쿠사다시	146
두아디라 교회	146
버가모	148
버가모 교회	149
차낙칼레	150

2. 그리스 Greece

네압볼리 교회	154
빌립보	155
루디아 기념교회	157
암비볼리 · 아볼로니아	158
마테오라	158
고린도	160
고린도 운하	164
겐그리아 항구	165
아테네	165
파르테논 신전	167
아레오바고 언덕	169

3. 이탈리아 Italy

폼페이	170
나폴리/소렌토	174
로마	175
바티칸 박물관	176
시스티나 성당	178
성 베드로성당	179
스페인광장/트레비 분수/포로 로마노	181
콜로세움	182
카타콤베	185
사도바울 순교 기념교회	186

3. 터키(이스탄불) Turkey

돌마바흐체 궁전	188
성 소피아 성당	189
그랜드 비자르	191

3장 종교 개혁지를 가다

1. **영국 United Kingdom**
   - 대영박물관   196
   - 웨슬리 기념교회   200

2. **프랑스 France**
   - 파리   202
   - 에펠탑   203
   - 루브르 박물관   205
   - 세느강 유람   207
   - 베르사이유 궁전   209

3. **이탈리아 Italy**
   - 베네치아   211

4. **스위스 Switzerland**
   - 바스티유공원/종교개혁 기념공원   220
   - 칼뱅의 하숙집   223
   - 융프라우   224

5. **오스트리아 Austria**
   - 인스부르크 (마리아 테레지아 광장)   233
   - 잘츠부르크   236

6. **체코 Czech**
   - 체코   238
   - 체스키크롬 노프성   239
   - 프라하   244
   - 바츨라프광장   246
   - 천문시계   248
   - 카를교   250
   - 얀후스/얀후스동상   254

7. **독일 Germany**
   - 독일   256
   - 비텐베르크   257
   - 에르푸르트   263
   - 하이델베르그   264

제1장

1

출애굽 여정을 따라

이집트

이스라엘

요르단

1. 이집트

룩소르

　이집트 하면 '피라미드'와 '스핑크스' 그리고 세계사 교과서에 나왔던 '멤논의 거상' 정도만 알았던 나는 룩소르를 보고 고대 문명에 대해 새로운 관심을 가지게 되었다. 이집트 전체가 고대 문명의 찬란한 역사 박물관이라지만 그중 가장 찬란했던 문화 흔적은 룩소르에 있는 게 아닌가 생각한다. 그래서 사람들이 룩소르를 보지 않고는 이집트에 다녀 왔다고 얘기를 하지 말고 룩소르를 안 보고 고대 문명을 말하지 말라고 한다는 게 이해가 된다. 그만큼 풍부하고, 잘 보존된 과거를 품고 있는 도시라는 얘기가 아니겠는가.

　고대 이집트는 상·하 두 왕국으로 이루어져 있었는데 상 왕국을 다스리던 메네스 왕이 하 왕국을 점령한 뒤 나일강 하류의 멤피스까지 약 1,000km에 이르는 통일왕국을 세웠고 그중 룩소르는 상 이집트에 속했으며 고대 중간기에는 수도로 인구 100만이 넘는 대도시였다. 이 통일왕국은 2000년 동안 계속되었고 룩소신과 아몬신을 섬겼다.

　성경에는 렘46;25, 겔30:14~16, 나훔3:8절에 '노아몬'(큰도시)또는 '노'라고 나와 있고 멸망을 예언하였는데 히브리어로 '테베'로 된 것을 우리말 '노아몬'으로 번역하여 기록되어있다. 나인 강을 끼고 있는 룩소르는 풍요의 땅이다. 1902년 아스완 댐이 건설된 후 홍수로 인한 피해는 없어졌지만, 범람으로 인한 비옥한 흙의 유입이 없어짐은 아쉬운 점이란다.

　룩소르 공항에서 만난 가이드 선교사님은 카드락 신전으로 가는 도중 현재 이집트와 룩소르에 대해 자세히 설명 해주었다. 이집트는 아프리카 북동쪽에 자리하고 있는 나라로 국토는 북쪽으로 지중해, 남쪽으로는 수단, 서쪽으로는 리비아, 동쪽으로는 이스라엘과 아카바 만 그리고 홍해를 접하고 있다. 또한 국토 내 지역은 나일강변, 나일 삼각주, 사막, 시나이반도, 이렇게 네게 지역으로 구성되어 있다. 이 중 95%는 사막으로 되어있고 인구 대부분은 나일 삼각주와 나일 강변에 밀집되어 살고 있다고 하는데 인구는 2008년 기준 약 6,800만 명이고 GNP는 1,530불, 통용어는 아랍어이고 영어와 프랑스어는 부분적으로 사용되고 있다. 종교는 이슬람 수니파가(93%) 국교이며 그 외 기독교(7%)와 유대교도 소수로 존재한다. 관광이 국가의 가장 큰 중점 사업이라 관광객에게는 우호적이고 친절하게 대해준단다.

BC 3000년경의 통일왕국으로부터 BC 332년 알렉산더대왕의 이집트 정복시대까지를 왕조시대라 부르는데 이 왕조시대는 고 왕국, 중 왕국, 신 왕국, 3시대로 구분한다. 고 왕국 시대에는 파라오에 의한 중앙 집권국가가 완성되었고, 중 왕국 시대에는 대외무역이 활발하여 세력범위가 시리아까지 이르렀다. 신 왕국 시대에는 투트메스 3세에 의해 아시아까지 통합하였으나 그 후에는 국력이 쇠퇴해 BC 7세기 아시리아에 정복되고 페르시아 마케도니아 등의 지배를 받게 되었다가 AD 30년에는 로마령이 되었고 7세기 이후 아랍인의 침입으로 이슬람화가 진행되었다. 16세기 초기에는 터키(오스만 트루크)령이 18세기 말에는 유럽 열강들의 침입으로 1914년 영국령이 되었다가 1951년 공화국으로 독립했는데 1953년 군사 쿠데타가 일어나 아랍공화국과 합병, 결별 등 역사적 변혁을 거듭하며 오늘에 이르고 있다.

우리나라와 1995년 수교했으며 시장에 유통되는 소비재 대부분은 중국산이라 한다. 소수의 기독교인은 대부분 중산층 이상인데 이는 장사를 천시하는 이슬람 사상 때문에 기독교인 중 다수가 장사를 하며 그 수익으로 잘살고 있다고 한다.

카드락 신전

　룩소르 공항을 나와 제일 먼저 간 곳이 카드락 신전이다. 룩소르에는 신전이 많은데 그중 카드락 신전이 가장 오래되었고 규모도 제일 크며 아몬신에게 바쳐진 신전이다. 카드락 신전은 제18 왕조의 아멘호텝 2세 때부터 건설을 시작, 프톨레에오스 왕조 때까지 지어졌다 한다. 신전 '다주식홀'의 길이는 102m, 넓이는 53m로 좌우에 각 67개씩 총 134개의 거대한 기둥들이 버티고 서있다. 이 신전은 사진보다 실물이 더 웅장하고 섬세하며 규모 또한 대단했다. 나일강변 오른쪽에 있고 아몬신을 위해 세워진 신전이므로 '아몬신전'이라고도 한단다. 태양신 '아몬'을 중심으로 좌우에 '무트 신전' '몬트 신전' '콘스신전' 등 룩소르의 수호신을 모신 신전들이 배치되어있고 주위에는 '투트모스 3세 신전' '아멘호텝 2세' 및 '3세 신전' '람세스 3세 신전' 등 작은 신전들도 복합적으로 배치되어 있다.

전체 신전 배치는 남북으로, '아몬 신전'은 동서로 배치되어 있는데 전체 규모는 남북으로 2km, 동서로 500~600m로 지어진 대단한 신전이다. 신전의 구성은 제1탑문, 제2탑문, 제3탑문, 중전, 태열주실, 지성소로 되어있고 일렬종대로 서 있으며, 남쪽에는 배가 드나들던 대형 연못이 있었다.

　이집트의 조형물들은 쌍으로 만들었다. 그중 오벨리스크도 포함된다. 제3탑 문과 제4탑 문 사이 작은 광장이 있고, 광장에는 투트메스 1세의 오벨리스크가 있다. 하지만 한 개의 무게가 어마어마하고 높이 30m 촛대 모양의 거대한 탑은 하나만 덩그러니 자리를 지키고 서 있다. 오벨리스크는 세계 여러 나라 도시들에서 볼 수 있는데 모두 이곳 룩소르에서 가져간 유물들이다.

　고대 이집트 왕들은 근친혼으로 왕족을 보존하고 신정국가로 나라를 통치했다. 람세스 2세는 누나와 여동생 심지어 자기 어머니와도 결혼해서 200여명의 자녀를 두기도 했다는데, 그래서 그런지 람세스 2세의 동상에는 채찍을 든 동상 아래 부인과 누이의 모습이 새겨져 있었다.

　무더운 날씨 때문에 지치고 힘들었지만 BC 3500년의 찬란했던 문화의 흔적을 직접 보고 듣고 손으로 확인한다는 감격에 우리 일행은 힘을 낸다. 우리의 관심을 끈 것은 모세와 함께 자란 투트메스 3세, 그는 왕위에 오른 후 17번의 원정으로 국토를 넓히며 강력한 왕정국가를 세웠다. 한 번의 원정 승리 시 기둥 한 개씩을 세워 승리를 자축했다는 선교사님의 설명이다.

룩소르 신전

룩소르 신전은 카드락 신전 남쪽에 있다. 카드락 신전의 부속 신전으로 세워져 크기는 작다. 제18 왕조의 아멘호텝 3세가 건설을 시작해 아멘호텝 4세때 수도를 천도하며 공사가 중단되었다가 투탕카멘이 왕위에 오르며 다시 룩소르로 수도로 천도하였고 천도 후 공사를 재개한 람세스 2세 때 완성하였다고 한다. 신전 입구 앞 좌우에는 높이 25m의 거대한 람세스 2세 좌상이 세워져 있고 우측에는 입상 하나가 서 있다.

원래 탑 문 앞 좌우에 오벨리스크가 두 개 있었는데 지금은 하나만 있다. 오른쪽 하나는 1836년 프랑스 군대에 의해 프랑스 파리의 콩코드 광장에 옮겨져 있다. 특이한 점은 문화재 대부분이 약탈당해 다른 나라로 반출된 것이지만 이 오벨리스크만 이집트 총독이 프랑스에 선물한 것이라고 하며 프랑스로부터 받은 선물은 지금은 움직이지 않는 시계 이었다고 한다.

카드락 신전과 룩소르 신전은 차이가 있다. 카드락 신전은 일 년 내내 아몬을 숭배하지만 룩소르 신전은 정월 초하루 나일강의 범람을 풍년으로 기원하는 '오페트 축제' 기간만 카드락 신전에 있는 '아몬' '무트' '콘수'의 신상을 옮겨와 경배한다. 절대 왕조 이집트에 기독교가 들어와 4세기까지는 많은 교회가 세워졌고 복음도 많이 전파되었다. 기독교가 번성할 때는 50% 이상이 기독교인일 때도 있었지만 6세기 이후 이슬람이 들어와 지금에 이르렀다. 룩소르 신전 성소에는 로마 시대 예배당 자리가 있었다. 십자가와 예수님과 제자들의 성화들이 유적과 기둥 곳곳에 남아 있었다.

왕가의 계곡

왕가의 계곡은 왕들의 암굴 묘이다. 지금까지 60여 기의 무덤이 발견되었는데 일반에 공개되는 것은 10여 군데, 투트메스 1세부터 람세스 11세에 이르는 제18, 19, 20왕조의 거의 모든 왕이 묻힌 곳이다.

9월 말 사막 더위는 우리가 막연히 생각했던 것보다 훨씬 더웠다. 사계절이 뚜렷해 추위, 더위, 다 겪어 본 우리는 웬만한 더위는 참을 수 있지 않을까 생각했는데 강수량 제로(0)에 가까운 이곳 더위는 상상을 초월했다.

계곡 어귀에서 모노레일 열차를 타고 계곡 안쪽으로 이동했다. 처음 간 곳이 투트메스 3세의 묘. 입구가 절벽 가운데 있었다. 도굴을 피하고자 위치도 숨기고 입구도 모르게 구축했다고 한다. 하지만 내부로 들어가니 넓고 화려했다. 벽과 천정에 채색 그림이 아직도 잘 보존되고 있음은 신비로웠다. 이어 람세스 3세와 메네프타왕의 무덤을 대충 둘러보고 후덥지근한 열기를 빨리 벗어나고 싶어 누가 먼저랄 것도 없이 밖으로 나왔다.

핫셉슈트 장제전

핫셉슈트 장제전은 병풍처럼 둘러 처진 절벽이 있는 지형을 이용하여 3층짜리 테라스를 만든 이집트 건축의 걸작품으로 꼽히고 있다. 장제전은 장례와 제사를 집전하는 신전이다. 핫셉슈트 여왕은 투트메스 1세의 공주란 이유로 직접 왕위를 이어받지 못하고 아버지와 후궁 사이에서 태어난 이복동생 투트메스 2세와 결혼하여 공동통치를 했다. 그러다가 투트메스 2세가 죽자 그의 첩에게서 얻은 아들 투트메스 3세를 등극시켜놓고 섭정 지위에 올라 약 20년간 권력을 휘둘렀다. 이집트 최초 여성 파라오인 그녀는 똑똑하고 야심 있는 여왕이었는데 모든 벽화에서 남장을 하고 수염을 붙인 모습으로 나타난다. 비록 전쟁을 일으켜 영토를 확장하는 정복군주의 면모를 보여주진 못했지만, 상업과 무역에 수완을 발휘하여 이집트 왕국을 번성시킨 대단한 여왕이다.

투트메스 3세에 의해 독살되었고 사후에 계모를 극도로 증오했던 투트메스 3세에 의해 여왕이 남긴 흔적은 많이 훼손되었다. 사막의 거대한 암벽을 배경으로 세워진 웅장한 신전과 그 벽의 수많은 조각은 세월을 뛰어넘는 감동을 준다.

▼ 핫셉슈트 장제전

멤논의 거상

아메노피스 3세의 신전 터 위에 남아있는 '멤논의 거상', 신전은 다 허물어지고 입구의 양쪽을 지키던 높이 23m의 거대한 조각상만 남아있다. 원래는 하나의 돌로 만들어졌다고 하는데, 대지진을 겪으면서 균열이 생겨 마치 작은 돌을 쌓아서 만든 조각상 같았다.

바람이 불면 틈새에서 흐느끼는 소리가 났다고 한다. 언젠가 그리스의 한 시인이 이곳을 방문했다가 잠시 잠이 들었는데 잠결에 울음소리 같은 바람 소리를 듣고 조각상에 '멤논의 거상'이란 별명을 붙여 주었다. '멤논'은 그리스 신화에 나오는 새벽의 여신 이오스와 트로이의 왕자 티토노스 사이에 태어난 아들로 트로이 전쟁 때 숙부인 트로이 왕 프리아모스를 도우러 갔다가 그리스군의 아킬레스에게 죽임을 당한 트로이전쟁 영웅이다. 이오스가 아들의 시체를 끌어안고 울면서 눈물을 흘렸는데 저승으로 떠나가던 아들 '멤논'도 어머니의 눈물 앞에서 슬피 울었다는 신화에서 유래해 이름을 붙인 것이다.

위대한 이집트문명의 유산을 직접 눈으로 보고 감상할 수 있는 것, 분명 우리에겐 행운이지만 그 귀중한 유적들이 길가에 너무 허술하게 관리되고 있어 안타까웠다. 노상 박물관도 좋으나 후세에 오래도록 전해야 하는 인류 공동의 유산이기에 관리에 좀 더 신중해야 할 것 같다.

카이로행 열차

저녁 식사를 마친 우리는 기차역으로 갔다. 수많은 인파 속을 헤집고 외국인 전용 출입구를 찾아 무난히 탑승했다. 19:30분 카이로행 열차를 탑승하기 전 첫인상은 외관이 너무 낡아 보였다. 페인트가 벗겨진 곳이 한두 곳이 아니고 철재는 녹 쓴 곳이 많았다. 과연 이 기차를 타고 10시간 이상을 사고 없이 갈 수 있을까, 불안하기까지 했다. 그러나 그러한 우려는 내부로 들어가는 순간 사라졌다. 2인 1실의 2층 침대는 넓고 깨끗했으며 청소와 정리정돈이 잘 되어 있었고 직원들도 친절했다. 저녁 간식이 필요하면 뜨거운 물을 가져다주겠다고 하며 따뜻하게 맞아준다.

여행은 좋은 것이다. 일상에서 벗어나 목적과 뜻이 같은 친구나 동료가 같이하면 즐거움은 배가되는데 믿음의 형제들이 함께하는 여행이니 더욱 즐겁다. 덜컹거리는 리듬을 즐기며 여장을 풀고 일행들과 간식과 커피를 나누어 마시며 호텔과는 또 다른 환경에 신속히 적응해간다. 그렇게 몇 시간을 끼리끼리 즐긴 후 각자의 침대로 돌아갔다. 이번 여행 중 기차여행이 준 추억은 영원히 기억에 남을 것이다.

카이로

카이로는 인류 문명의 출발지 중 하니였던 이집트문명의 역사와 풍파를 5천 년이나 버텨온 고도이다. 그만큼 우리에게 보여줄 비밀스러운 이야기들이 많을 것이다. 카이로는 이집트의 수도이기도 하고 인구 1,200만 명이 모여 살고 있는 대도시다. 이 도시는 19세기 중엽 이후의 시가지를 신시가지, 그 이전의 시가지를 구시가지, 그리고 제2차 대전 이후의 교외 주택지로 나누어져 있다. 구시가지는 푸스타트의 서쪽에 수많은 모스크(회교사원)가 서 있고 신시가지는 정부기관이 집중되어 있다. 기차에서 내린 우리는 커피숍에서 잠깐 휴식을 취한 후 기자의 피라미드와 스핑크스를 보기 위해 출발했다.

버스 차창 밖으로 펼쳐지는 카이로 시내 풍경은 어둡고 지저분했다. 쓰레기 더미가 넘치는 길거리, 자동차와 행인, 등교하는 학생들이 뒤엉켜 혼잡했다. 차선도 없고 횡단보도도 안 보인다. 자동차의 백미러가 없는 것은 흔한 현상이었다. 교통질서라는 말은 적어도 카이로에서는 예외인 것 같았다. 엄청난 유적을 보유하고 있지만 어떤 건물은 파괴된 모습으로 방치되어 있고 나일강 주변은 현대식 초고층 빌딩도 많다. "카이로는 10%만 멋있고 90%가 지저분하다"고 이야기 한 어느 칼럼니스트 말이 생각나는 순간이었다.

기자 지구에 들어서자 피라미드가 우리의 시야에 들어왔다. 버스 안 여기 저기서 탄성이 터진다. 고대 7대 불가사의 중 현존하는 마지막 하나 피라미드, 이집트에는 80 여기의 피라미드가 현존하고 있지만 세계적으로 유명한 것은 기자 지구의 쿠프왕 피라미드, 그의 아들 카프레 왕 피라미드, 멘카우레 왕 피라미드, 이들을 통칭하여 기자의 3대 피라미드라 부른다.

피라미드와 스핑크스

피라미드는 사각형의 토대에 측면은 삼각형을 이루며 각 측면이 한 정점에서 만나 방추형을 이루도록 돌이나 벽돌 등을 쌓아 만든 구조물이다. 고대 이집트의 피라미드는 국왕, 왕비, 왕족의 무덤 형식으로 축조되었다. 이 중

대부분이 카이로 서쪽 '아부라와시'에서 '리훈'에 이르는 남북 약 90km인 나일강 서안 사막에 있다. 그것은 이집트인들은 동쪽은 태양이 뜨는 곳이며 서쪽은 태양이 지는 곳 즉, 죽으면 가는 곳으로 생각하여 나일강을 중심으로 동과 서로 나누어 동쪽은 생활터전을, 서쪽은 무덤(피라미드)을 만들었다.

사하라사막이 시작되는 기자 언덕 위에 있는 피라미드는 4500년 전 쿠프 왕 때 만들어진 것들로 현존하는 이집트 피라미드 중에서 상태가 가장 완벽

하다. 그러나 그 외 많은 피라미드는 붕괴 되거나 훼손되어 벽돌 혹은 돌로 이루어진 산의 형태만 갖추고 있거나 심지어 흔적만 남아있는 것도 있어 옛 모습을 가지고 있는 것은 생각보다 적다고 한다.

  대표적인 것이 기자 지역의 쿠프, 카프레, 멘카우레 왕의 피라미드이다. 쿠프 왕의 피라미드는 기자에 있는 세 개 피라미드 중에서도 가장 큰 규모로 북쪽 끝 지역에 있다. 또한, 유일하게 현존하는 고대 세계 7대 불가사의 중의 하나이다.

그 규모만으로도 불가사의라 부르기에 부족함이 없다. 기원전 2589년부터 2566년까지 (어떤 기록은 23년간 통치한 것으로 나옴) 이집트를 통치한 쿠프 왕의 무덤으로 추정되지만, 발굴 당시 석관은 비어 있었다 한다.

쿠프의 사촌이었던 헤몬이 설계하였으며 높이 147m에 밑변은 각 230m의 정사각형이다. 개당 15톤에 달하는 연마된 석회암으로 한 치의 오차도 없는 정확도로 밑판을 놓은 후 평균 2.5톤의 석재를 230만 개를 쌓아 만들었다고 하는데 동원된 인원은 일 년에 10만 명이 20년 동안 투입되어 공사를 진행해 완공했다. 이스라엘 백성이 동원되었다는 설도 있으나 사실이 아

니고(이스라엘 백성이 고센 땅으로 가기 400년 전 만들어진 것이라 함) 농한기(6~9월)를 이용해서 일반 백성을 동원해 건설했다고 한다.

일행 중 몇 명이 가이드의 안내를 받아 쿠프왕 왕비의 피라미드 내부를 들어가 보았다. 터널 같은 입구를 기어서 들어갔다. 사각의 넓은 공간이 나왔다. 내부 계단을 내려가 보니 지하 중앙에 시신을 안치했던 석관이 있었다. 내부는 무척 덥고 습했지만, 피라미드 내부를 직접 볼 수 있는 것의 의미가 워낙 크기에 더위 자체는 큰 장애가 되지 못했다.

한편, 9세기경 사우디가 이집트를 침공한 후 쿠프왕의 피라미드를 약탈하

피라미드와 스핑크스

기 위해 해체를 시도했다고 한다. 그 때문에 현재 피라미드 겉면은 벗겨져 있다. 당시 원형이 손상된 것은 매우 안타까운 역사의 아픔이다. 기념촬영을 하고 스핑크스가 있는 곳으로 이동했다.

스핑크스가 있는 곳은 피라미드에서 멀지 않는 곳에 있었다. 스핑크스의 원래 의미는 무덤을 지키는 '수호신'이다.

스핑크스는 사람의 머리와 사자의 동체 형태를 지니고 있는데 왕자의 권력을 상징하는 모습으로 표현된 것이라고 한다. 이집트와 아시리아의 신전이나 왕궁, 분묘 등에서 그 조각들을 발견할 수 있다는데 그중에서도 이곳 기자에 있는 제 4왕조(기원전 2650년경) 카프레 왕의 피라미드에 딸린 스핑크스가 가장 크고 오래된 것으로 알려져 있다.

자연 암석을 깎아 조각한 것인데 전체 길이 70m, 높이 20m, 얼굴너비 4m의 거상으로 그 얼굴은 많이 훼손되어 있었다. 훼손된 이유는 터키(오스만트루크) 시대에 군의 사격 표적으로 사용하여 코와 수염이 없어졌다고 하며 그때 떨어진 코와 수염은 현재 대영박물관에 있는데 이집트 정부가 반환 교섭 중이라 한다. 앞으로 뻗은 앞다리 사이에는 투트메스 4세의 석비가 있다.

고고학 박물관

우리는 이집트여행 시 꼭 가야 한다는 '고고학 박물관'으로 갔다. 입구부터 세계 각국에서 온 관광객들로 숨이 막힐 정도다. 발 디딜 틈 없이 빽빽이 들어선 인파를 보면서 역시 세계적인 박물관이라는 것을 실감했다.

이 박물관은 1863년 '게지라'섬 서쪽 강변에 처음 들어섰는데 잦은 범람으로 인해 1890년에 기자 지구로 옮겨졌다가 1902년 지금의 위치에 건립되었고 지금 건축 중인 기자 지구의 새 박물관이 완공되면 그리로 옮길 계획이란다. 사진 촬영은 박물관 마당까지만 허락되었다. 내부 촬영은 철저히 금지되어있다. 모든 관광객은 입구에 카메라를 맡겨 놓아야 한다.

내부로 들어서자 마치 고대 이집트를 방문한 느낌이다. 규모는 그렇게 크다는 느낌을 받지 않았지만 봐야 할 것은 어느 박물관보다 많을 것 같았다.

세계 6 대륙 여러 나라에서 온 관광객들의 생김새와 피부 색깔, 각양각색의 전통 옷차림들이 눈길을 끌기도 했다. 하지만 괴로웠던 것은 이들에게서 나는 특유의 냄새와 향수, 화장품들이 내뿜는 냄새였다. 또한 수많은 사람들이 이야기하는 소리가 소음 수준을 넘어 고통을 준다. 제공된 이어폰을 착용하고 가이드의 안내를 받았으나 워낙 시끄러워 잘 들리지 않았다.

1~2시간 정도의 짧은 시간에 4천 년의 역사유물 20여만 점을 본다는 것은 무리이고 그저 밀려다니며 대충 눈으로 확인하고 밀려 나왔다는 표현이 맞을 것이다. 다만 그중에 눈여겨본 것은 이집트 제18~20왕조까지의 왕과 왕후들의 미라와 고 왕국부터 중 왕국과 신 왕국에 이르는 시대별로 발굴해 놓은 석관과 고왕국 시대의 멘카우라 왕, 카푸리 왕을 비롯해 신왕국 시대의 하트세프스트 왕 스핑크스 토토메스 3세 상의 전시품들은 우리의 호기심을 자극했다.

특히 2층에 있는 투탕카멘 왕의 전시실에 전시된 화려한 부장품은 호화롭기 그지없어 우리의 발걸음을 멈추게 했다. 투탕카멘 왕의 무덤을 발굴할 때 커다란 황금 샤펠(작은집 모양)이 나왔다고 한다. 샤펠의 문을 열어보니 그 안에 또 황금 샤펠이 나왔고 다시 문을 열어보니 또 작은 샤펠이 있었는데 열어보니 그 안에 무거운 화강암의 석문이 있었고 그것을 여는 데만 10개월이 걸렸다고 한다. 그 안에는 투탕카멘의 황금관이 있었고 삼중으로 보호되어 있었다. 마침내 그 안에 투탕카멘 왕의 미라가 그 유명한 11kg의 황금마스크를 쓰고 누워있었고 손가락에서 발가락까지 온몸이 황금으로 장식되어 있었다고 한다.

우리는 이어 투탕카멘의 야전침대 장례용 침대 투토메스 4세와 핫셉슈트 모습 등 헤아리지 못할 정도의 수많은 유물을 눈으로 확인했다. 시간이 얼마나 지나갔는지 일행들은 어디 있는지 그건 별로 중요치 않았다. 4000년 고대문화에 매료되어 주어진 시간을 훌쩍 넘긴 우리는 선교사님의 독촉에 아쉬웠지만 서둘러 박물관을 빠져나왔다.

나일강 페루카

박물관 관광을 마친 우리는 늦은 점심을 '김가네'라는 한식당에서 먹었다. 오랜만에 한식 맛을 보니 며칠을 굶은 사람들처럼 엄청나게 먹는다. 특히 콩나물 무침은 접시가 아니라 양푼으로 요구했고 사장님은 기꺼이 제공해 주셔서 마치 전투를 하듯이 먹어치웠다. 식사 후 나일강으로 이동하여 '페루카'라는 유람선을 타고 그동안 쌓인 피로를 회복할 쉼을 가졌다. 덕분에 바람에 모든 것을 맡기고 나일강을 미끄러지듯 누비며 주위 풍광을 즐겨 보았다. 이 시간만큼은 정치적 불안이나 종교적 갈등이 없는 평화로운 일상의 모습이었다. 강 옆으로는 옛것과 새것이 조화를 이루어 보기 좋다. 카이로에서는 이 유람선을 타고 여유와 낭만을 즐기는 사람도 많다고 한다. 대부분이 관광객이지만 내국인들도 종종 이용한다고 한다. 물론 경제적 여건이 따르는 사람들의 얘기다. 바람을 이용한 돛배인데 강을 따라 올라가며 강 주변을 둘러보는 코스이다. 원래 지중해 여행 3대 크루즈의 하나에 든다는 나일강 유람은 카이로 밤의 아름답고 환상적인 야경을 배경으로 음악을 들으며 이국적인 정취에 흠뻑 젖어 보는 것이란다. 이런 것이야말로 또 다른 여행의 특별한 추억인데 우리는 저녁이 아닌 점심 후 페루카를 타고 기분만 내어보았다.

예수님 피난교회

　올드 카이로에 있는 예수님 피난교회(콥티 교회)를 방문했다. 이 교회는 AD 4세기에 세워진 교회인데 이집트에서 가장 오래된 교회라고 한다. 동방박사들이 나타난 이후 헤롯왕은 두 살 이하 남자 어린이는 모두 죽이라 했다. 예수의 부모는 아기 예수님을 데리고 애굽의 카이로 피난 와서 2년 동안 있었다. 그 때 1달 동안 머물렀던 곳에 세워진 교회이다.

　이곳 콥티 교회는 매주 금요일마다 성찬식을 하고 예배를 드린다. 콥티 교인은 손목에 십자가 문신을 해서 기독교 교인임을 증명하고 대대로 신앙을 이어 간다. 교회에는 지성소가 있고 지성소에는 목사님만 들어가게 되어있다. 43년 마가가 복음 전했던 곳으로 교회 내부에는 12개의 기둥이 있는데 열두 제자를 상징하고 있다. 열두 번째 기둥은 아무 장식이 없었는데 가롯 유다 기둥이란다. 말씀의 단 아래 10개 기둥은 모세 십계명을 상징하며 좌우에 성경의 역사를 새겨서 보게 하고 있었다.

우리 일행은 교회를 나와 얼마 떨어지지 않은 곳에 있는 유대인 회당을 둘러보았다. 유대인의 가장 오래된 회당으로 유대인의 성지다. 이곳은 예레미야의 무덤이 있고 예레미야가 기도하고 모세가 말씀을 선포한 곳이란다.

이곳에서는 남자와 여자가 함께 예배를 드릴 수 없다. 캐나다 유대인들이 모금해서 재건한 회당이고 회당의 이름은 '벤 에즈아 시나고보'라고 했다.

비돔성

1884년 고센 땅을 탐사하다 비돔 성을 발견했다. 비돔 성은 이집트 동북부 나일강에서 팀사 호수에 이르는 골짜기 사이에 있는 성읍으로 이름의 뜻은 아톰(태양)의 집이다. 이곳에서 발굴된 적색 화강암과 사암으로 세워진 신전은 라암셋 2세의 것임이 판명되었다고 한다.

이곳은 이스라엘 민족이 고센 땅에서 강제 노동으로 건축된 것으로 성경에는 국고성이라 부르는 창고의 성읍이다.(출1:11). 국고성이란, 나라의 여러 가지 물품을 보관하기 위해 세운 창고가 있는 성을 말한다.(창41:35) 국경지대의 방어를 위해 군량미, 무기 등을 보관하는 군수기지가 있는 성읍도 여기에 포함된다. 애굽의 '비돔'과 '라암셋'은 국고 성으로 유명하다. 솔로몬은 여러 지역에 국고성을 건축하여 물품을 비축하였다.(왕상9:19) 여호사밧 국고성(대하17:12) 히스기야 국고성(대하32:27~29)등의 기록이 있다.

몇 군데의 돌무더기와 기둥의 잔해들만 땅 위에 혹은 풀숲에 뒹굴고 있는 비돔성을 둘러보는 동안 우리는 마음이 무거웠다. 그 땅을 한발 한발 내디디며 이 땅에서 이스라엘 백성들이 핍박받고 굶주리며 강제노동으로 흘린 땀과 눈물을 되뇌며 그들이 눈물로 부르짖어 간구한 기도 소리가 들리는 듯해서 마음이 너무 아파져 왔다.
　선교사님의 선창으로 찬송을 불렀고 통성으로 기도도 드렸다. '우리가 지금은 풍요 속에 살다 보니 하나님을 떠나 사는 삶이 얼마나 많은가, 이번 순례여행을 통해 잃어버렸던 하나님의 첫사랑을 느낀 감격이 회복되었으면 한다.'는 선교사님의 가슴을 파고드는 권면에 여기저기서 흐느낌이 들려온다.
　비돔 성은 모래언덕과 흙투성이의 자갈밭에 약간의 잔해가 남아있는 게 전부였다. 우리 일행을 본 현지 아이들이 몰려와 보여준 도발적인 행동에 우리는 당황했고 서둘러 그곳을 빠져나왔다.

홍해를 건너다

늦은 시간 성경에 이스라엘 백성이 머물렀던 숙곳, '이스말리아'에 도착했다. 홍해바다 북쪽 끝자락에 위치한 '엘모간 호텔'에 여장을 풀고 수요예배를 드림으로 일정을 마무리했다.

여행 4일째 아침이다. 아침 묵상 후 호텔 로비로 나갔다. 몇몇 일행이 나와 있었다. 전날 호텔직원이 이른 아침 홍해 바다가 멋있다며 구경을 해보라고 권했기 때문이다. 어둠이 채 가시지 않는 홍해 바다의 갯바람은 우리의 잠기 어린 콧등을 기분 좋게 자극하며 잔잔히 다가왔다.

어느새 주위는 밝아지고 일출이 시작된다. 우리나라에서도 좀처럼 보지 못했던 일출을 홍해 바다에서 본다는 것 때문에 모두가 즐거워하며 행복해한다. 주위 수많은 꽃나무와 잘 조성된 조경이 우리들의 '포토존'이 되어 주었다. 참 오래 기억될 아름다운 곳이었다. 아침을 먹은 후 본격적인 출애굽 순례 여정에 돌입했다.

출애굽 당시 이스라엘 백성은 갈라진 홍해를 걸어서 건넜지만 우리는 해저터널을 통해 버스를 타고 건넜다. 우리가 통과한 이 해저터널은 1989년에 완공된 것으로 총 길이 4.5km 물밑은 1.6km, 깊이 37m, 폭 2차선 도로이다. 터널을 지날 때 선교사님은 출14:10이하 말씀을 낭독해 주셨는데 그 말씀에 우리는 많은 은혜를 받기도 했다.

터널을 지나니 바로 수르 광야였다. 사막과 광야가 다른 점은 사막은 자고 나면 형태가 바뀔 수 있지만, 광야는 그냥 척박하기 이를 때 없는 돌 자갈밭의 벌판이다. 풀도 나무도 보기 힘든 메마른 넓은 평야 같은 곳이라 보면 된다. 홍해 바다 옆 해안도로를 따라가다 보니 홍해 바다는 참 평화롭고 아름다운 바다였다. 곳곳에 휴양지가 있고 그 휴양지에선 많은 사람이 휴식을 즐긴다. 홍해는 바다 밑에 붉은 산호가 많아 해 질 무렵 이 산호로 인해 바다가 붉게 보인다고 해서 홍해라 이름이 부쳐졌다고 한다.

마라

 이스라엘 백성은 이집트 북쪽 고센 땅 라암셋을 출애굽하여 숙곳(이스말리아)을 지나 홍해를 건너고 수루 광야에서 3일을 걸어 마라에 도착했다. 마라는 홍해에서 30km 지점에 소재하는데 마라의 뜻은 쓰다, 쓴맛, 슬픔 등을 나타낸다.
 이곳은 출애굽한 이스라엘 백성들이 물이 써서 먹지 못하자 모세를 원망하게 되고 모세는 하나님께 기도드리므로 계시를 받아 나뭇가지를 물에 던졌더니 물맛이 변하여 달게 되었다는 곳이다.(출15:22~23, 민33:8)
 주위는 나무가 많은 오아시스 지역인데 건너편에는 바다였다. 우물은 비교적 큰 편이었고 주변에는 종려나무 열매(대추야자)가 많이 떨어져 있어서 주워 먹기도 했다.

유황동굴 / 르비딤

마라 순례를 마치고 아말렉 군사와 이스라엘 백성이 전쟁을 치렀던 '르비딤'을 순례하기 위해 남쪽으로 내려간다. 아무리 달려도 푸름이란 볼 수가 없다. 황량한 광야와 돌산뿐이다. 광야는 해방과 자유가 있었던 곳이지만 목마름과 고통도 있었다. 두려움과 절망도 있었지만 젖과 꿀이 흐르는 땅 가나안을 바라보는 희망도 있었다. 울부짖는 부르짖음이 있었는가 하면 하나님의 음성도 들었던 곳이다.

따라서 불만과 불평, 애굽을 동경하고 그리워하는 습관들을 잊게 하고 미래를 준비하는 훈련이 있었던 곳이라고 말 할 수 있지 않을까. 광야는 아무리 봐도 먹거리를 생산할 땅이 아니었다. 출애굽 한 200만명의 이스라엘 백성은 이곳을 지나며 먹을 것과 마실 것이 없어 고통을 당할 때 하나님께서는 이곳에서 만나와 메추라기를 주셨다.

달리는 차 창 밖으로 배두인의 움막이 보인다. 옆에는 양과 염소도 몇 마리 보인다. 너무 똑같은 모습만 보이다가 배두인을 보니 신기하고 반갑다. 모세의 아내 십보라가 배두인 여인이었는데 모세가 광야생활 할 때 저런 곳에서 십보라를 만나지 않았을까 상상해본다.

우리가 지나가는 이 시나이반도는 본래 이집트 영토였지만 지난 중동전쟁 (1967년 6일 전쟁) 당시 이스라엘이 점령했다가 1979년 캠프데이비드 협정으로 이스라엘과 평화조약을 맺고 1982년에 반환받아 현재는 이집트영토다. 이스라엘에서 반환받아 얼마 지나지 않아 시나이반도에서는 석유가 발견되었다. 현재 이집트는 산유국이다. 만약, 반환하기 전 석유가 나왔다면 그래도 이스라엘이 반환했을까 궁금해지는 대목이다.

선교사님은 열심히 설명하고 있는데 졸고 있는 분, 메모하는 분, 차창 밖을 열심히 응시하는 분, 카메라로 모든 것을 담아 가겠노라고 계속해서 셔터를 누르는 분, 참 재미있는 광경이다. 버스는 홍해 바다 옆 해안도로를 계속 달리고 있다. 한쪽은 아름다운 홍해 바다이고 또 다른 한쪽은 끝없이 이어지는 광야다. 흔히 볼 수 있는 장면은 아니다.
광야는 다섯 군데로 구성되어있다.

① 수루광야 - 하나님을 원망하고 마라에서 물을 먹었던 곳
② 신 광야 - 만나와 메추라기를 주셨던 곳
③ 시내광야 - 이스라엘 백성이 11개월 머물렀던 곳
④ 바람광야 - 12명의 정탐꾼을 보냈던 곳
⑤ 찐 광야 - 동쪽광야

　선교사님은 우리를 어느 바닷가 유황 동굴이 있는 곳으로 안내했다. 동굴에서는 뜨거운 열기가 밖으로 품어져 나오고 있었다. 동굴 안에는 현지인 몇몇이 땀을 뻘뻘 흘리며 앉아있었다. 우리나라 찜질방에서 수건을 덮어쓰고 찜질하고 있는 여느 모습과 다를 바 없었다.

　바닷모래사장과 붙어있는 언덕 암석에 동굴이 있고 거기서 유황 열기가 품어져 나오는 것이다. 우리는 모두 신기해하며 한 명씩 동굴 속으로 기어들어갔다. 우리나라 숯가마에 들어간 느낌이다. 너무 뜨거워 몇 분도 견디지 못해 동굴을 나와 바다로 들어갔다.

　더욱 놀라운 것은 바다 물속의 모래가 뜨거웠다. 단 몇 초를 견디지 못할 정도로 뜨겁다. 이유는 동굴 속에서 80도 정도의 뜨거운 물이 바로 바닷모래로 스며들기에 이런 현상이 생긴 것이란다. 바닷물의 차가움과 바닷속 모래의 뜨거움, 참 특이하고 신기한 이색적인 체험이었다.

우리는 다시 르비딤을 향해 출발했고, 꽤 오랜 시간 운행 끝에 출애굽기 17장에 기록되어있는 르비딤에 도착했다. 이스라엘 백성이 신 광야를 떠나 장막을 쳤던 곳(출17:1) 백성들은 이곳에서 마실 물이 없어 모세를 원망하며 다투었다(출17:2~3). 모세는 하나님의 명령대로 반석을 쳐서 물을 내었고 이곳 이름을 '맛사' '므리바'라고 하였다(출17:6~7). 도로 양쪽에는 종려나무를 비롯 몇 종류의 나무들이 많이 있는 오아시스 지역으로 주위엔 풀도 무성히 자라고 있었다. 현지인도 제법 보였는데 목축업을 하며 살아가는 듯 보였다.

성경에는 모세가 여호수아에게 나가서 싸우라 명령한다. 이곳 전투에서 모세의 손이 올라가면 이스라엘이 승리하고 내려가면 아말렉이 이겼다고 기록되어 있다. 그래서 아론과 훌이 모세의 양팔을 부축해 못 내려오게 함으로 이스라엘이 승리하게 했던 곳(출17:8-16). 하나님께서는 이 사건을 책에 기록해 기념하라고 말씀하셨다.

산등성에서 바라본 르비딤 골짜기는 꽤 길고 넓어 보였다. 골짜기를 따라 종려나무와 다른 나무들도 많이 보였는데 이것은 물이 풍부하다는 증거가 아니겠는가! 따라서 이곳의 전쟁은 생존을 위한 물의 전쟁, 민족의 존립이 걸린 반드시 이겨야 하는 전쟁이었을 것이다. 일정을 마친 우리는 오늘의 종착지 시내 산을 향해 출발했다.

르비딤 ▶

시내 산 / 성 캐더린 수도원

시내 산의 위치에 대해서는 여러 곳이 주장되고 있으나 대체로 시나이반도 남단 중앙에 있는 '에벨무사'(모세의 산 이란 뜻의 아랍어)가 가장 정통적으로 내려오는 위치다. 이 산의 높이는 2,285m 정도 된다고 하며 '모세의 산' '거룩한 산' '하나님의 산' '호렙 산' 이라고도 한다.(출19:23, 20:18, 24:12, 32:15, 3:1)

우리 일행은 이 산을 오르기 위해 낙타를 타는 사람과 도보로 오르는 사람으로 나뉘었다. 선교사님의 지시로 낙타 타는 요령을 잘 듣고 그대로 했더니 별 무리 없이 올라갈 수 있었다. 우리는 아무 사고 없이 올라갔지만, 간혹 낙타에서 떨어지는 사고도 발생한단다. 낙타를 탄 곳이 해발 1,500m 지점이었고 낙타를 타고 도착한 곳이 1,900m 정도의 지점이라 이후 정상까지는 전원 걸어서 올라갔다. 1,900고지 이후는 가파른 계단의 연속이다. 약 700계단을 포함해 가파른 능선이기에 힘들어하는 분이 몇 분 있었지만 모두 정상에 도착했다. 시내 산은 풀 한 포기 없는 붉은 돌산이다.

우리는 기도와 휴식을 취한 후 순서 맡은 자들의 인도로 예배를 드렸고, 어두워지는 것을 보고 하산했다. 하산 길에서 본 일몰의 광경은 인간이 만들어낸 조형물과는 비교할 수 없는 감동을 느끼게 한다. 이 경이로운 광경은 웅장한 시내 산의 파노라마 위에 펼쳐진 그림이었기에 아직도 기억에 생생하다.

4세기경 '에벨무사'(시내 산) 동쪽 기슭 해발 1,528m에 기독교를 국교로 공인한 콘스탄티누스 황제가 모친 헬레나를 위해 교회를 세웠다. 그리고 527년에 유스티니아누스 황제는 이 자리에 '캐더린 수도원'을 세웠다.

'캐더린'은 알렉산드리아 출신의 유명한 귀족의 딸로서 로마 박해 때 순교한 자이다. 순교 후에 천사가 시신을 '에벨 무사'로 옮겨다 놓았다는 전설도 있어 '캐더린 수도원'은 이 순교자의 이름을 따서 붙여진 이름이라고 한다. 동방정교회에 소속된 이 수도원은 이후 1,500여 년을 지나오면서 원형을 그대로 보존하고 있다.

1975년 '캐더린 수도원'에서는 놀라운 사건이 발생했다. 퇴락한 방을 수리하던 중 벽과 벽 사이에서 3,000점 이상의 고대 성경 사본과 5,000여 권 이상의 희귀한 성경들이 발견되었다. 이 희귀본들의 훼손과 분실을 염려한 수도원이 소수의 학자에게 잠깐만 공개하고 아직 본격적으로 연구되지 못하고 있으나 사해 사본 이후 최대의 발견이라는 평을 받고 있다.

'캐더린 수도원'은 모세가 가시떨기에서 불을 본 곳이며 지금도 가시나무 떨기가 내부에 보존되어 있는데 이중삼중으로 보호막을 치고 집중적으로 관리되고 있다고 한다. 여기에는 모세가 베두인 처녀 십보라를 만나 양에게 물을 먹인 우물이 지금도 남아있고 수도원의 식수로 이용되고 있다고 하며 현존하는 성서 사본 중 가장 오래된 사본들이 지금도 소장되어 있다. 현재는 30여명의 수도사가 수도하고 있으며 출입구가 없어 비둘기가 출입하는 구멍에 광주리가 있고 이것을 이용하여 사람이 타고 오르내린다. 한번 수도원에 들어가면 죽을 때까지 나오지 못하고 이곳에서 생을 마감한다고 한다. 수도사는 아침

성 캐더린 수도원 ▶

에 일어나면 4시간 동안 장엄한 예배를 드리며 (1,400년 동안 이어진 예식) 기도하고, 성경을 필사하는 일이 일상이라고 한다.

유스티니아누스 황제 때 최초의 수도원으로 건립 후 1,500년 동안 한 번도 파괴된 적이 없는 유일한 수도원이다. 1890년에 4세기경의 시내 산 사본이 발견되기도 했고(이 사본은 현재 대영박물관에 보관) 5세기경 시리아 사본도 발견되고 1975년에 발견된 사본은 현재 분석 중이라 설명한다.

성 캐더린 수도원을 마지막으로 이집트 순례의 일정은 모두 마무리되었고 이스라엘을 가기 위해 '타바' 국경 지역으로 간다. 이제 이스라엘에서는 더 팍팍한 일정을 소화해야 한다. 그렇지만 우리 일행은 약속의 땅인 이스라엘을 만나고 확인할 수 있다는 설렘과 기대감에 부풀어 있다. 그동안 무더위와 싸우며 이집트 이곳저곳을 안내해주신 선교사님은 국경까지만 우리를 인도한다. 길지 않은 시간이었지만 정이 많이 들었나 보다. 준비해 간 고국의 음식들을 아낌없이 드리며 고생하셨다는 인사도 잊지 않는다.

2. 이스라엘

 선교사님과 헤어진 후 세계에서 제일 까다롭고 살벌하다는 이스라엘의 입국 절차를 통과하는 데는 2시간이 훨씬 넘게 소요되었다. 입국 절차 후 밖으로 나오니 따뜻한 햇볕과 상큼한 갯바람이 긴장했던 우리의 마음에 시원하게 다가온다. 더불어 우리를 기다리고 있는 버스는 우리나라에서도 보지 못한 최고급이다. 깨끗하고 편안한 의자와 승차감 또한 최상이었다. 이집트의 GNP 1,500여 불과 이스라엘GNP 2만 불 이상의 국민 소득 차를 실감하는 순간이었다. 이스라엘 가이드인 전도사님이 우리 일행을 기다리고 있었다. 전도사님은 히브리대학에서 공부하는 학생이었다. 버스로 이동하며 간단한 자기소개와 이스라엘 근간의 역사에 관해 설명해준다.

 성경에서 말하는 이스라엘은 가나안 땅(창16:3, 17:8. 출6:4. 민34:1-2), 약속의 땅, 이스라엘 땅(삼상13:19), 유다 등 다양하게 언급되고 있다. 인류 역사상 가장 뚜렷한 발자취를 남겼던 수많은 사건을 안고 수 세기 동안 잠들었던 이스라엘은 이제 다시 세계무대에서 주목할 만한 성장을 이루며 전 세계 기독교인들로부터 주목받는 땅이 되고 있다. 비록 크기는 작은 나라이지만 이스라엘은 인류 역사와 문화의 중심지였고 세계 3대 종교의 성지이며 지금도 종교와 민족과 이념의 차이로 큰 갈등 가운데 있는 곳, 약속의 땅, 젖과 꿀이 흐르는 땅이 이스라엘이다.

유대교, 기독교, 이슬람교, 등 종교에 따라 3개의 달력과 3개의 공휴일이 존재한다. 이스라엘은 한 나라지만 3개념의 시간이 공존하는 것이다. 국민이 수도로 섬기는 예루살렘은 지금도 4개 구역(기독교, 유대교, 이슬람, 아르메니아)으로 분할되어 있고 각각의 안식일도 달라 유대교는 율법에 따라 금요일 해 질 무렵부터 토요일 해 질 무렵까지, 기독교는 일요일, 이슬람은 금요일이 안식일이다.

현재의 인구는 750여만 명 GNP는 2만 불이 넘고 화폐는 성경에 나오는 세겔($=3.5세겔)이며 세계에서도 물가가 비싼 편이다. 인구 750만명 중에 유대인이 500만명 정도이고 아랍계 유대인이 200만명, 기타 소수민족이 50만명 정도로 구성되어 있단다. 현재 UN에 의해 팔레스타인은 6개의 자치주로 살아가며 여기에는 유대인의 출입이 금지되어 있다.

국토의 넓이는 우리나라 경상북도 정도이다. 솔로몬이 죽은 뒤 북이스라엘과 남 유다로 갈라졌다. 이후 북이스라엘은 아시리아에 남 유다는 신 바벨론에 멸망하고 2000년 넘게 나라 없이 방랑하게 되었다. BC 1세기에 로마 영토가 되었는데 그때 베들레헴에서 예수님이 탄생하셨고 7세기 이후 이슬람이 지배했다. 이후 십자군 원정, 15세기 동로마제국 멸망 뒤 아랍 민족이 팔레스타인을 지배하고 1차 세계대전 후 영국의 위임 통치령이 되었다가 시오니즘 운동이 일어나 영국은 1917년 유대인의 국가 건설을 승인, 1948년 5월 유대인들은 지금의 국토에서 팔레스타인과 아랍인을 내쫓고 국제연합의 승인을 얻어 이스라엘 공화국으로 독립했다. 유대인의 오랜 숙원인 국토를 되찾게 된 것이다.

그 후 아랍 민족과 첨예한 대립으로 전쟁도 불사하는 분쟁은 지금도 계속되고 있다. 1967년 이른바 6일 전쟁 승리로 요르단 영토이던 예루살렘 동쪽 시가지를 탈환했으며 북쪽으로도 영토를 확장했다. 이집트와는 시나이반도를 전쟁으로 점령했으나 반환하면서 평화조약을 이끌어 내었고 1993년에는 팔레스타인 해방 기구(PLO)와의 자치 협정을 거치면서 화합과 평화를 정착시키려고 힘쓰고 있다. 2차 세계대전 후 우방국의 원조와 재외동포의 투자, 국민의 단결로 농공업이 급속도로 발달했다. 초대 수상 벤구리온 총리는 광야에 미래가 있다며 갈릴리 호수에서 물을 끌어와 광야를 푸르게 만든 사람으로 청년들에게 꿈을 심어준 위대한 지도자였고 모든 국민이 존경하는 건국의 아버지라고 했다.

이스라엘 농업의 주역은 우리에게도 잘 알려진 키부츠와 모샤브라는 집단농장이다. 공동생산과 공동분배의 사회주의 이념을 배경으로 결성된 키부츠는 개인의 사유재산을 인정하지 않는다. 따라서 경세적 비효율성과 구성원들의 욕구불만을 초래했다. 이 같은 단점을 보완한 것이 모샤브 집단농장이다.

모샤브는 개인의 이윤을 인정하고 극대화하는 것을 목표로 키부츠의 자급자족 시스템 대신 적극적인 마케팅을 공동으로 펼치는 일종의 협동조합 형태다. 개인 소유의 집에서 살며 자신의 땅은 개인 임대로 이용한다. 한국의 대학생들도 봉사활동으로 많이 오는데 대부분이 키부츠에서 일하게 된다고 한다.

종교는 유대교, 회교가 대부분을 차지하고 나머지는 기독교와 기타 종교인데 기독교의 비중은 전체 2% 정도이고 2% 중에는 기독교, 천주교, 그리스정교회, 아르메니안 정교회로서 순수 개신교는 0.2% 정도로 거의 없다고 보면 된단다. 우리가 성지로 방문하는 교회 대부분은 서방 정교회(가톨릭), 동방 정교회(그리스정교회), 아르메니아 정교회, 그리고 러시아정교회와 이집트 정교회(콥티교회) 소속이라고 한다. 성지 방문 시 남자는 모자를 벗고 남녀 무릎이 드러나는 옷은 삼가야 한다.

현재 유대인 중 율법을 지키는 정통 유대인은 50%, 나머지는 세속화된 유대인이며 모세오경과 율법을 엄격히 지키는 사람은 20% 정도이고 나머지는 그렇게 엄격하게 지키지는 않는다고 한다. 안식일에 호텔에서는 기계도 작동하면 안 된다.(예, 엘리베이터 작동 등) 유대인의 율법 613가지 중 365가지는 하지 말아야 할 율법이고 나머지는 해야 할 율법이다. 율법을 어기면 속죄제를 드려야 한다. 한국과는 비자면제협정이 체결되어있어 비자 없이 1~3개월 동안 체류할 수 있으며 연장도 가능하다고 한다.

에일랏

에일랏은 키 큰 나무 '종려나무숲' '테레빈 나무'란 뜻으로 에돔 족속의 족장 엘라의 이름에서 유래한 지명(창36:41)이라는 설이 유력하다고 하며 홍해 북단 에돔 지역의 아카반 만 연안에 위치한 항구도시다. 솔로몬이 무역 중심지로 삼은 '에시온게벨'에서 가까운 곳에 있다.(왕상9:26) 출애굽 한 이스라엘 백성이 가나안 땅으로 가는 도중, 이 지역을 지나갔다.(신2:8) 유다 왕 아사랴(웃시야)가 일시 상실했던 이곳을 회복하여 유다 영토로 되돌려 놓았으나(왕하14:22, 대하26:2) 아람 왕 르신이 유다로부터 이 도시를 재탈환하여 유다 사람을 쫓아내고 아람 사람들이 지배한 역사적 배경이 있는 도시다.(왕하16:6)

에일랏은 휴양도시이며 해양 스쿠버가 활성화된 곳이고 요르단, 이집트, 사우디와 국경이 맞닿은 국경도시이기도 하다. 구리 원광이 가득해 '만약 우리가 바위를 수출할 수 있다면 우리는 모두 백만장자가 될 수 있다'는 속담이 있을 정도란다. 구리 원광을 함유하고 있는 초록 공작석을 비롯하여 편마암, 화강암, 사암 등으로 이루어진 바위산들이 장관이다. 따라서 제련소와 가공소 등이 많고 연관 산업이 발달하여 있다고 했는데, 이 산업은 솔로몬 때부터 지금까지 지속해 오고 있다고 한다.

또한, 스킨스쿠버들이 즐겨 찾는 명소여서 세계 각국에서 많이 찾는데 우리나라 스쿠버들도 30여 명 여기에 있단다.

도로 옆 해변가 모래사장에는 텐트를 쳐놓고 수영하며 일광욕을 즐기는 사람들이 많았다. 우리나라 해수욕장의 풍경과 크게 다를 바 없다. 성지순례를 떠나기 전 약간 염려했던 것은 이스라엘과 팔레스타인과의 분쟁으로 테러와 치안에 대한 불안이었다. 그러나 우리 눈앞에 펼쳐지는 광경은 너무나 평화롭다. 가족단위, 연인끼리, 한가롭고 여유롭게 즐기는 모습은 미리 살벌할 것으로 생각한 나를 부끄럽게 만들었다.

맛사다 / 엔게디

 사해를 향해 이동하는 도중 맛사다를 지나게 되었다. 일정상 맛사다를 둘러보지는 못했지만, 이스라엘 여행자들에게는 필수 코스 같은 곳이다. 성경에 나오는 지명은 아니지만, 이스라엘 역사에 '맛사다' 항전은 반드시 기억해야 할 중요한 부분을 차지하고 이스라엘 국민의 자긍심과 일체감을 상징하는 역사적 사건이기에 전도사님의 설명과 자료를 참조해 소개한다.

 '맛사다'는 엔게디 남쪽 16km 지점 사해 중부 서안에 인접해있는 고대 요새이다. 높이는 해발 50m 정도에 불과하지만 사해가 해수면보다 400m 정도 낮아서 실제는 450m 정도라고 한다. 너비 200m 길이 600m의 고구마 모양의 지형이며 서쪽은 약 90m의 매우 가파른 절벽이고, 요새를 방어하기 위해 둘러싼 방호벽은 1.3km, 방호벽 높이는 3.7m, 방호벽에는 적의 동태를 살피기 위한 망루들이 있으며 내부에는 창고, 병기고, 저수조, 내무실 등이 있다.
 헤롯왕 때 '맛사다'를 요새화시켰다. AD 66년 로마군의 학정과 유대 영토 주둔에 반발한 유대인들이 무력투쟁을 일으켰다. 유대인들은 가족과 함께 예루살렘에서 '맛사다'로 피난하여 그곳을 근거지로 저항하였다.
 이곳에서 유대인들은 번번이 로마 장착 촌을 급습했다. 피해가 커지자 로마 총독 '플라비우스 실바'는 로마 보병을 이끌고 '맛사다'를 공격한다. 하지만 실패가 이어지자 로마군은 '맛사다'를 완전히 포위하고 유대인의 노예를 동원 서쪽 측벽에 토성을 쌓는다.
 당시 '맛사다' 요새 안에는 '엘리아자르 벤 야이르'가 이끄는 여자와 아이를 포함 967명의 유대인이 있었다 한다. AD 73년에 토성은 완성되었고 약 3개월의 공격 끝에 73년 4월 16일 '맛사다'는 점령되었다. 끝까지 저항한 유대인들은 '맛사다'가 함락될 위기에 처하자 지도자 '에리아자르 밴 야

이르'는 적의 노예나 포로가 되느니 자결할 것을 제안했고 저항군은 그 제안을 받아들였다. 각자의 집으로 돌아가 가족을 먼저 죽이고 다시 모여 열 사람씩 조를 짜서 한사람이 아홉을 죽이는 방식으로 모두 죽였고 최후의 한 사람은 성에 불을 지른 후 자결했다고 한다. 이 현장에서 살아남은 사람은 다섯 명의 아이들과 함께 지하 동굴에 숨어있던 두 명의 여인이었다. 이들이 살아남아 당시의 상황을 증언함으로써 '맛사다' 항전의 이야기가 세상에 전해졌다고 한다.

따라서 이스라엘은 이곳을 군인과 학생들의 애국정신을 함양하는 교육의 장으로, 유대인의 저항정신을 반영하는 역사적 현장으로, 이스라엘의 민족적 자긍심과 단결을 상징하는 장소로, 역사를 되새기며 조국 수호를 다짐하는 장소로 활용하고 있다고 한다. 오늘날 유대인들은 이곳을 둘러보며 "우리에게 다시 '맛사다'는 없을 것이다." 라고 외치며 결의를 다짐한다고 한다. '맛사다'는 2001년에 유네스코 세계 문화유산으로 등재되었다.

맛사다를 지나간 우리 일행은 사해 바다와 맞물린 도로를 따라 북쪽으로 올라간다. 그리고 삼상 24장에 나오는 엔게디를 지난다. 전도사님은 엔게디에 대해 설명을 시작한다. 엔게디는 쿰란 남쪽으로 35km 지점 '맛사다' 북쪽 10km 지점에 있다. 엔은 '샘' 게디는 '산양'이라는 뜻으로 석회석 벼랑 아래서 많은 물이 솟아 나와 이루어진 골짜기란다. 그래서 이곳을 다윗의 골짜기라고 부른다고 했다. 사울 왕이 다윗을 죽이려고 했을 때 다윗은 이곳으로 피신한다. 이곳의 바위는 석회암이기에 동굴이 많다. 성경 삼상 24:1-4에 다윗이 사울을 죽일 기회가 있었으나 옷자락만 베고 살려주었다는 내용이 나오는 곳이다.

현재 이곳은 이스라엘 국립공원으로 지정되어 있다고 한다. 굴이 많고 이곳의 폭포는 남부 지방 유일의 폭포라고 한다.(삼상23:29, 대하20:2, 겔47:10)

사해

이스라엘에 입국한 우리는 에일랏을 출발, 맛사다와 엔게디를 지나 곧장 사해로 간다. 긴 시간 이동 중에 틈만 나면 우리는 복음 송과 찬송을 번갈아 부르며 하나님께 영광을 돌렸다. 사해가 가까워져 오면서 전도사님은 사해에 관해 설명해준다. 사해는 이스라엘과 요르단에 걸쳐있는 염호이다.

요단강에서 물이 흘러들어오지만, 물이 빠져나가는 곳이 없고 유입량과 같은 양의 증발이 일어난다. 표면 면적 810㎢, 최대 깊이 378m 평균 깊이 118m인 이 바다의 염분농도는 보통 해수의 5배 정도라 생물이 살지 못하므로 사해라고 한다.

성경에는 사해 바다를 '염해' '동해' '아라바 바다'라고 기록되어 있다.(신 3:17,4:49) 에스겔서에는 동쪽으로 흐르는 바다 동해로 표기되었고 창세기 14장에서는 '이들이 다 싯딤 골짜기 곧 지금의 염해에 모였더라……' 이 외에도 성경 곳곳에 표기되어 있다. (민34:3,12) (수3:16, 12:3, 15:2,5, 18:19)

우리가 알고 있는 사해는 물을 받기는 하는데 나가는 곳이 없고 증발량도 들어오는 양과 비슷해 염도가 높아진다고 알고 있었지만 실제로는 사해 주변 소돔산의 60%가 암염이어서 수천 년에 걸쳐 비가 오면 암염이 녹아내려 사해로 유입되면서 염도가 높아졌다.

우리는 버스에서 내려 소돔 산에서 실제 흘러내리는 암염을 확인해 보았고 소돔산과 롯의 아내라는 소금 기둥을 배경으로 기념사진을 남겼다. 그러나 이곳에 있는 롯의 아내 소금 기둥은 이스라엘 정부에서 관광객 유치를 위해 인위적으로 이름을 붙여놓은 것이란다.

전도사님은 암염의 생성과정을 이렇게 설명한다. 암염이 형성되기 위해서는 오래전에 바닷물이 들어와 암염으로 변하는 과정을 거쳐야 하는데, 옛날에는 사해도 다른 바다와 연결되어 있었다고 한다. 사해 주위 아라비아 지각판과 아프리카 지각판이 충돌하면서 협곡을 형성하였고 침하와 융기를 반복하던 중, 퇴로가 막히게 되었던 바닷물이 증발되고 굳어져서 암염으로 생성된 것이란다.

사해 바닷가 머드팩과 부영 체험을 하는 장소에 도착했다. 예로부터 이곳은 염분이 높아서 사람 몸이 뜨기 쉬운 곳으로 유명하다. 특히 이곳 해수와 머드에는 피부에 좋은 광물질이 다량 함유되어 있어 이곳을 찾는 관광객들은 바다에 들어가 부영 체험과 머드 체험을 필수적으로 한다.

전도사님은 입수 전 주의사항을 설명한다.
① 10분 이상 물에 있지 말 것
② 눈이나 머리를 물속에 담그지 말 것
③ 진흙을 온몸에 바른 후 약간 말리고 씻을 것
④ 바다에서는 수영을 하지 말 것
⑤ 머리를 들고 등을 천천히 눕힐 것
⑥ 실수로 눈에 바닷물이 들어갔으면 즉시 나와 씻을 것

　체험장은 세계 여러 나라에서 온 관광객들로 북적인다. 우리도 지정된 장소에서 수영복으로 갈아입고 체험 대열에 합류했다. 이번 여행 중 유일하게 우리만의 시간이었다. 세계에서 유일하게 이곳에서만 할 수 있는 부영 체험이라 주어진 시간을 넘기며 즐겁고 특이한 경험을 했다.

여리고 / 엘리사의 샘 / 시험산

우리는 여리고로 향했다. 오랜만에 물놀이했다고는 하지만 너무 조심스럽게 해서인지 그렇게 피곤하지는 않다. 그저 물에 몸을 띄우고 몸에 머드를 잔뜩 발랐다가 씻고 나온 정도이었기 때문이다. 날이 어둑어둑해진다. 하나님께서 이스라엘 백성에게 처음으로 약속했던 땅 여리고. 많은 기독교 성지순례 여행객들은 견고했던 여리고성이 마침내 무너져 내리는 성경 속 장면을 상상하며 이 땅을 둘러볼 것이다. 여리고는 기원전 8000년 전부터 사람이 살았던 세계에서 가장 오래된 성읍으로 해저 250m~400m에 위치한 세계에서 가장 낮은 도시이다.

'달의 성읍' '종려의 성읍'이라는 여리고의 의미처럼 이곳은 무수히 많은 종려나무가 자라는 오아시스 지역이다. 곧, 물이 많다는 뜻으로 여리고는 고대부터 지금까지 쉬지 않고 물이 솟는 샘이 7개나 있다고 한다. 그래서 여리고는 풍요의 도시다.

예수님은 여리고에서 사단에게 시험을 받았고 세리였던 삭개오를 만나 그에게 새 삶을 주었으며 눈먼 사람의 눈을 뜨게 해 주신 곳이다. 선한 사마리아 이야기도(눅10:29-37) 예루살렘과 여리고를 잇는 비탈길이 무대이며 그 자리에 여인숙(주막)이 기념관으로 남아 있다.

우리 일행은 도착한 후 삭개오의 뽕나무(돌 무화과나무)를 보았고 무너진 여리고 성터로 이동했다. 이미 어둠이 깔리고 있어 자세하게 보지 못한 점이 아쉬웠다. 무너져 흙더미로 존재의 의미를 느끼게 하는 여리고 성터는 그 시대의 상황을 우리에게 각인시켜주는 상징물처럼 다가왔다.

신명기 8:7~10절에 하나님께서 여리고에 대해 하신 말씀이다.

7)네 하나님 여호와께서 너를 아름다운 땅에 이르게 하시나니 그곳은 골짜기든지 산지든지 시내와 분천과 샘이 흐르고
8)밀과 보리의 소산지요 포도와 무화과와 석류와 감람나무와 꿀의 소산지라.

9)네가 먹을 것에 모자람이 없고 네게 아무 부족함이 없는 땅이며 그 땅의 돌은 철이요 산에서는 동을 캘 것이라.

10)네가 먹어서 배부르고 네 하나님 여호와께서 옥토를 네게 주셨음으로 말미암아 그를 찬송하리라.

이같이 여리고는 물과 먹을 것이 풍부한 곳, 철광석과 과일이 많은 축복받은 땅이다. 이스라엘 백성이 요단강을 건너 여리고성을 무너뜨리고 가나안에 거주하든 족속들을 몰아내고 차지한 땅. 이 땅은 1999년 1월에 팔레스타인 자치지구로 지정되어 유대인들은 갈 수 없는 땅으로 되었다. 여리고 성터 바로 밑에는 엘리사의 샘이 있었는데 지금도 많은 양의 맑은 물이 쉼 없이 솟아나고 있었다. 일명 '술탄샘'이라 부르는 이 샘은 선지자 엘리사가 여리고에 머무르고 있을 때, 과일이나 곡식이 결실 전에 모두 떨어지는 병이 돌았다. 주민들은 엘리사에게 간청하였고 엘리사는 지하수가 나오는 수원지에 소금을 뿌려 고쳤다(왕하2:19~22)는 샘이다. 말씀대로 오늘날까지 이곳에서는 많은 양의 물이 솟아나 여리고 지역의 식수로 공급된다고 한다.

더 어둡기 전에 우리는 예수님이 40일 금식 후 마귀에게 시험받으셨던 시험 산으로 갔다. 예수님은 세례요한에게서 세례를 받은 후, 공생애를 시작하기 전 이곳에서 마귀에게 시험을 받았다. 여리고 서쪽 오아시스를 내려다보며 우뚝 서 있는 거대한 민둥산, 이 산의 가파른 절벽 위에 아름다운 그리스정교회 수도원이 세워져 있다. 이 수도원 안에는 예수께서 시험받으실 때 발로 딛고 서 있었던 돌이 보관되어 있다고 한다. 수도원까지는 케이블카를 이용해 올라갈 수 있지만 이미 날이 어두어져 멀리서 바라보기만 하고 돌아서야 했다.

쿰란

오늘 일정은 쿰란을 거쳐 예루살렘 입성이다. 호텔 조식 때 만난 전도사님은 우리에게 오늘은 많이 걸어야 하므로 아침을 든든히 먹으라고 조언한다. 날씨는 찜통인데 일정은 빡빡하여 경보하듯 걸어야 하니 땀은 비 오듯 흐르고 음식은 우리 입맛에 맞지 않으니 점점 체력은 소진되어간다. 역시 순례의 길은 힘이 든다고 일행들은 한마디씩 한다.

쿰란은 '쌍달'이라는 뜻을 가지고 있는데 하나의 달은 하늘의 달이고 다른 하나는 사해 바다에 비취는 달이라고 한다. 그 뜻에서 알 수 있듯이 사해 바다에서 멀지 않는 곳에 있다. 쿰란은 성경에 한번 나오는데(수15:62) '유다 자손에게 준 닙산과 소금 읍성과 엔게디니……' 여기의 소금 읍성이 쿰란이란다. 쿰란은 그 가치를 헤아릴 수 없을 만큼 이스라엘이나 전 세계 기독교인들에게 중요한 곳이다. 이곳에서 거의 완벽한 성경 사본이 발견되었기 때문이다. 그전까지는 1008년에 인쇄된 레닌그라드 사본이 가장 오래된 사본이었으나 기원전 2세기에 쓰여진 쿰란 사본의 발견으로 1000년이나 성경의

원전에 가까이 가게 된 셈이다. 이 사본은 1947년 베두인 목동이 잃어버린 양을 찾기 위해 우연히 굴속으로 돌을 던졌는데 '뎅그랑' 소리가 들려 들어가 봤더니 항아리가 있었고 그 항아리 속에 두루마리 사본이 있었다. 현재 이스라엘 박물관 내 사해사본 관과 록펠러 박물관에 보관되어 관람할 수 있다.

우리는 쿰란 공동체가 생활했던 유적지에 도착했다. 쿰란은 사해사본을 기록한 '에세네파' 사람들의 주거지역이었다. 유적지에는 기념품을 파는 쇼핑센터와 박물관이 있었다. 우리는 박물관에서 준비된 영상으로 당시의 공동체 생활을 먼저 본 후 밖으로 나와 유적지를 둘러보았다. 공동체가 생활했던 숙소, 목욕탕, 식당, 물 저장소, 예배 장소, 필사했던 방, 책상, 의자, 양피지 등 공동생활 흔적들을 둘러보며 율법에 대한 그들의 충성심은 하나님의 거룩한 전쟁을 수행하기 위해 준비하는 거룩한 전사들이 아니었나 싶다.
쿰란에서 활동했던 '에세네파'사람들은 '마카비 혁명'때 발족한 공동체였는데 하스모니아 왕조 때 반란의 주동자가 왕이 됐다. 그런데 왕이 된 이 사람은 왕과 대제사장 직무를 겸하여 수행했다. 반란에 동참했던 무리는 왕이 자기들의 율법을 지키지 않으므로 다시 튀쳐나와 공동체 생활을 하게 된 것이 쿰란 공동체라는 전도사님의 설명이다. 이들은 각자의 재산을 공동체에 귀속시키고 세 가지 규칙을 제정했다.

① 1년 안에 모세오경을 암송해야 한다.
② 2년 안에 시편을 암송해야 한다.
③ 3년 안에 공동체 규칙을 암송해야 한다.

공동체 회원들은 매일 정결하게 목욕하고 성경을 공부하고 성경을 필사하며 기도와 예배를 드리고 노동을 해야 했다. 공동체는 자기들만의 엄격한 규칙이 있었는데 그 규칙을 어기든지 율법을 어기면 식사를 반 공기 줄이는 벌을 받고 연속해서 세 번 어기면 공동체에서 추방당했다고 한다.

▲ 쿰란 4번동굴

추방당하는 것은 곧 죽음을 뜻한다. 광야에서 혼자 살아가기란 불가능하기 때문이다.

AD 68년 로마 티투스 장군이 지휘하는 군대가 예루살렘을 점령할 때 쿰란 공동체는 두루마리 성경 사본과 문헌들을 항아리에 담아 여러 동굴 속에 분산해 숨기고 잠시 피난했다가 돌아오겠다는 생각으로 떠난 것이 영원히 돌아오지 못하게 된 것이란다.

다시 발견 당시로 돌아가 보면 베두인 양치기는 이 두루마리 사본을 고물상에 팔았다. 이 고물상 주인은 고문서 수집상에게 다시 팔았다. 이렇게 돌고 돌아 고고학자들에 의해 성경 사본임이 확인되었고 역으로 추적하여 대대적인 발굴사업을 벌이게 된다.

베두인들은 이것이 돈이 된다는 것을 알고 발굴단에게는 다른 곳을 알려주고 자기들이 찾아서 건당 약 25만 불 정도를 받고 팔아서 많은 부를 축적했다. 당시 베두인들은 움막 비슷한 천막집에서 살았는데 차는 벤츠를 타고 다녔단다. 쿰란 사본은 현재 성경과 99.9% 일치하며 쿰란의 270개 동굴 중 11개 동굴에서 발견되었다. 그중 우리 일행이 본 4번 동굴에서 500여 개의 두루마리 사본이 나왔고 이는 전체 80%를 차지한단다. 그 가운데 이사야 사본은 길이가 7.6m로 1장~66장까지 완벽하게 발견되었다.

쿰란을 둘러본 우리는 여행 중 처음으로 쇼핑센터에서 필요한 물건을 구입했다. 국가가 운영하는 곳이라 품질도 좋았지만, 가격은 약간 비싼 편이었다. 우리 일행은 주로 머드팩이나 소금 비누를 구입했다. 특이한 것은 1인당 110달러 이상 구입하면 이스라엘 국경 통과 시 13%의 부가세액을 현찰로 돌려준다는 것이다. 그래서 110달러가 안 되면 둘이 합쳐 계산하고 후에 정산하는 진풍경도 연출되곤 했다. 관광객의 소비를 촉진하는 괜찮은 정책 같다.

예루살렘

순례 6일째 예루살렘 입성을 위해 출발이다. 쿰란을 출발한 우리는 끝도 없이 펼쳐진 유대 광야를 지난다.

이 땅은 이스라엘 12지파가 지역을 배분할 때 유다 지파에 배분된 땅이다. 풀 한 포기, 나무 한 그루 보이지 않고 흙먼지와 자갈뿐인 척박한 땅이다. 간간이 보이는 것은 베두인의 움막과 몇 마리의 양과 염소들뿐이다. 이런 곳에 비하면 우리나라는 축복받은 나라다. 사계절이 뚜렷하고 산에는 나무가 많고 물이 풍부하며 강수량 또한 많아 농작물도 잘되지 않는가. 감사할 뿐이다. 누가 선창을 했는지 '참 아름다워라 주님의 세계는……' 찬송을 부르기 시작했다. 모두가 따라 부른다. 한 곡이 끝나면 또 한곡이 이어진다. 전도사님은 시편23편을 낭송한다. '여호와는 나의 목자시니 내게 부족함이 없으리로다…….'

이스라엘 성지순례는 3~4월이 적기라고 한다. 이유는 광야의 연중 강수량이 50mm 정도인데 이 시기에 비가 오기 때문이다. 비가 오면 산에는 풀이 나고 들에는 샤론의 꽃을 비롯한 많은 꽃이 피지만 그때를 지나고 건기가 되면 산은 민둥산이 되고 들판은 흙먼지가 날리는 광야로 변하기 때문이란다. 예루살렘이 가까워지니 도로 주위와 산에는 소나무를 비롯하여 다양한 종류의 나무가 많이 보인다. 감람산 터널을 통과하니 그렇게 오고 싶었고 보고 싶었던 예루살렘이 눈에 들어온다. 방송이나 사진으로만 접하던 예루살렘이 눈앞에 펼쳐진다. 참 친근하고 포근한 느낌이다.

해발 800m 유대 광야 산봉우리에 자리 잡은 기독교와 유대교 회교도의 성도 예루살렘. 이 특별한 종교도시에는 평화롭고 성스러운 일만 가득할 것이라는 생각이 앞서지만 도시 안에서 벌어지는 갖가지 사건과 여러 인종이 살아가는 다양한 삶의 모습을 대할 때 오래된 도시의 역사가 결코 순탄치 않았으리란 것을 짐작할 수 있다.

모하메드가 승천했다는 황금 사원을 향해 엎드려 기도하는 회교도인과 고작 60m밖에 남지 않은 성전 산 서쪽 통곡의 벽 앞에서 흐느끼며 기도하는 유대인, 무거운 십자가를 지고 예수님이 걸었던 '슬픔의 길'을 순례하는 고뇌에 찬 기독교인 등 한 도시에서 벌어지는 각 종교의 이질적인 모습에서 우리들은 흥미롭기도 하고 당혹스럽기도 하다.

그럼에도 예루살렘은 매혹적인 도시다. 발길이 닿는 곳이 모두가 성지인 도시, 마치 수천 년 동안 보물들을 잘 보관해둔 보물창고처럼 역사적 종교적 유물과 유적이 이곳을 찾는 수많은 순례자를 들뜨게 한다.

예루살렘은 아브라함 당시 이미 한 개의 성읍으로 있었으며 BC 13세기경 이스라엘의 가나안 정복 당시에는 여부스 족이 살았으나 정복하지 못하다가 (수15:63) BC 1000년경 다윗에 의해 시온 산성인 예루살렘을 정복하고 다윗 성이라 하였다.(삼하5:7-9) 그 후 예루살렘은 다윗 왕이 수도를 헤브론에서 옮긴 후부터 번성하기 시작했고 솔로몬 때는 다윗 당시보다 두 배 이상 북쪽으로 확장하였다. 그러나 BC 587년 바벨론의 느부갓네살왕에 의해 예루살렘이 철저히 파괴된 후 귀환 때까지 예루살렘은 피폐된 채로 남아 있었다. 이후 귀환자들에 의해 성전이 재건되었지만 이전과는 비교도 되지 않는 초라한 성이었다. BC 63년 로마가 예루살렘을 함락시킨 후, BC 37년 로마의 도움을 받은 헤롯왕에 의해 예루살렘은 솔로몬 당시보다 세 배가 넘는 지역으로 확장된다.

그러나 유대 전쟁을 지휘하던 베스파시우스가 69년에 로마의 새 황제로 추대된 후 황제는 자신의 권력 안정을 위해 유대 반란을 확실하게 진압할 필요가 있었다. 그래서 아들 티투스를 진압군 사령관으로 임명하고 예루살렘성을 완전히 포위한 뒤 물과 식량이 떨어질 때를 기다린다.

고립된 예루살렘은 시간이 흐를수록 지옥으로 변해갔다. 고사작전으로 성 내에서는 먹을 것이 바닥나고 굶주림은 극에 달해 자식을 잡아먹는 일이 벌어지기도 했다. 신명기28:56-57절 예언의 말씀이 실현되었던 것이다. 70년 로마의 티투스 장군에 의해 예루살렘은 다시 한 번 철저히 파괴를 당한다. 이때 서쪽 벽 중 일부가 파괴되지 않았는데 오늘날 이곳을 통곡의 벽이라 하여 많은 유대인과 성지순례객들이 찾고 있다.

이후 예루살렘은 콘스탄틴 황제 때 기독교 건물이 세워지다가 638년 이슬람이 점령한 후부터 회교 사원이 들어섰다. 그리고 1099년 십자군에 의해 다시 기독교 건물이 들어섰고 1189년에 다시 이슬람에 넘어갔다. 1516년에는 터키가 이 곳을 점령했는데 당시 대제이던 슐레이만에 의해 성벽과 성문이 건축되었다. 또한 터키가 점령한지 400여년이 지난 1917년 영국군이 점령하게 되었다. 이 때 많은 유대인이 세계 각처에서 이곳 예루살렘으로 들어왔다. 그 결과 1948년 5월 14일 마침내 이스라엘이 독립을 하게 되었다. 지금의 예루살렘은 1967년 6일 전쟁 때 요르단 영토로 남아있던 북쪽을 탈환하여 오늘에 이르는 역사를 가지게 되었다.

승천 기념교회

예루살렘에 입성한 후 제일 먼저 간 곳이 승천기념교회이다. 감람산 정상에 위치한 승천 기념교회는 부활하신 예수께서 40일 만에 수백 명이 지켜보는 가운데 성령을 보내시기로 약속하신 후 승천하신 곳으로 알려져 있다.

383년 귀족 출신 포이메니아가 소성당으로 봉헌하였고 614년 페르시아에 의해 파괴된 후 676년에 재건, 1009년 하킴에 의해 또다시 파괴되었다. 1152년 십자군이 팔각형의 교회를 다시 재건하여 아오스딩 수도회가 사용하던 중, 1198년 회교 경당으로 개조하여 지붕을 씌웠다.

원래 교회는 천정이 없이 만들어졌는데 이는 승천을 상징하기 위해서다. 터키의 살라딘이 천정을 씌운 이유는 예수님 승천의 상징을 없애기 위함이었단다. 건물 중앙에는 예수님이 승천하실 때 밟았다는 발자국이 찍혀있는 바위가 있었다. 자세히 보면 발자국 같은 것이 보였는데 검증된 바는 없고 십자군 시대에 놓인 것으로 추정하는 주장도 있다고 한다. 현재 이 교회는 이슬람 소유여서 입장료는 이슬람으로 들어간다고 한다.

주기도문 교회

승천 교회를 순례한 우리는 지척의 거리에 있는 주기도문 교회를 방문했다. 예수께서 제자들에게 주기도문을 가르치신 곳이며 이 세상 말세에 나타나는 징조들에 관하여 설교하신 곳이라 전해지는 곳이다.

초대교회 전승에 의하면 이 교회는 4세기경 콘스탄틴 황제의 어머니 헬레나가 처음 세웠고 614년 페르시아인이 파괴한 것을 모데스토스가 재건했으나 1009년 알 하킴에 의해 다시 파괴되었다. 그 후 십자군에 의해 다시 세워진 교회 또한 이슬람에 의해 파괴되었다가 1875년 프랑스 투르오베르뉴

백작부인의 재정 지원으로 프랑스 건축가가 건축했다고 전해진다. 이 교회는 가톨릭 갈멜 수녀원이 관장하고 있고 교회 회랑 벽면에는 히브리어로 시작된 최초의 주기도문이 1102년에 새겨진 이후 한국어를 포함 70여 개 나라의 언어로 씌어 있었다.

교회 옆에는 백향목 나무와 탕자가 먹었다는 쥐엄 열매 나무도 있었다. 우리는 계획된 일정을 소화하기 위해 전투하듯이 진행한다. 날씨는 너무 더워 숨이 막힐 지경이다. 그러나 불평은 있을 수 없다. 어쩔 수 없는 단체 순례 여행의 장점이자 단점 아니겠는가.

눈물교회

눈물 교회는 주기도문 교회 약간 밑에 있었는데 일명 통곡 교회라고도 한다. 예수님께서 이스라엘을 멸망에서 건져 내려 했지만, 이스라엘은 끝내 이를 거부했다.(마23:37-38) 예수님은 감람산에 올라가서 장차 파괴될 예루살렘 성을 바라보면서 '예루살렘아, 예루살렘아 선지자들을 죽이고 네게 파송된 자들을 돌로 치는 자여 …….' 라고 눈물을 흘리신 것을 기념하여 교회를 세웠고 제단에는 '암탉이 날개 아래에 병아리를 모음같이 나는 너희 자녀들을 몇 번이고 모으려고 할 것이다.'라고 하신 말씀을 전하듯 암탉이 이 병아리를 모으는 모습이 조각되어 있었다.

우리는 교회 앞에 도착했다. 경건한 마음으로 예루살렘 성을 바라보며 묵상한 후 설명을 듣고 있었다. 그때 햇볕이 쨍쨍 내리쬐는 맑은 하늘에서 빗

방울이 떨어졌다. 하늘엔 구름 한 점 없는 맑은 날씨였는데, 흔치 않은 일이라 가이드 전도사님도 놀라며 처음 경험하는 일이라고 한다. 많은 비는 아니었지만, 눈물 교회 주위만 내리는 것이었기에 모두가 신기한 현상이라며 다른 의미를 부여하는 이도 있었다.

1955년 새로 지어진 이 교회는 아름답고 깔끔했다. 교회 지붕 위 네 귀퉁이에 항아리가 있었는데 이것은 예수님의 눈물을 담는 그릇을 상징한다고 한다.

눈물교회

만국 교회

예수께서 제자들과 가끔 모이시던 곳(요18:2)이며, 잡히시기 전 마지막으로 땀방울을 핏방울같이 흘리시며 결사적으로 기도하시던 동산(마26:36,막14:32-42,눅22:44)에 세워진 기념교회로서 1919년~1924년까지 세계 16개국의 모금으로 비잔틴과 십자군 시대의 교회 잔해 위에 세워진 교회이기에 이름을 만국 교회로 명명하였다.

만국 교회는 우리가 생각하는 산보다는 야트막한 언덕 같은 곳에 세워져 있었다. 교회 주위에는 수백 년은 되어 보이는 올리브나무가 숲을 이루고 있어 아주

아름다운 교회였다. 겟세마네의 뜻은 '기름 짜는 집'이란 뜻을 가지고 있고 올리브나무는 메시아를 상징하는 나무란다.

예수님이 이곳에 와서 기도한 것은 구약에서 말한 이새의 뿌리에서 새 줄기가 나온다는 말을 성취하여 자신이 메시아임을 나타내기 위함이었다. 교회 내부 제단 전면에는 피땀 흘리시며 기도하는 예수님의 지친 모습, 칼을 들어 병사의 귓불을 벤 베드로의 흥분된 모습, 가룟 유다가 예수님께 다가와 입 맞추는 장면들이 그려져 있었다. 교회 문을 나서면 맞은편 기드론 골짜기에 스데반 순교 교회가 있는데 이곳은 그가 순교한 자리에 세워져 있다.

마가의 다락방 / 다윗왕의 가묘

마가의 다락방은 예루살렘 성의 시온 문에서 바깥쪽으로 약 100m 거리에 있는 2층 석조건물에 있다. 이곳의 2층은 마가 다락방이고 1층에는 다윗왕의 가묘가 있다. 다락방의 크기는 막14:15절에 큰 다락방이라 하였고 행1:15절에는 120명의 성도가 모였다고 했듯이 그 정도의 크기였다. 예수께서 잡히시기 전날 밤 마가의 다락방에서 제자들과 함께 유월절 만찬을 가지셨고 제자들의 발을 씻기셨다.

예수께서 십자가에서 돌아가신 후 부활하시고 나타나셔서 손과 발을 보이시고 구운 생선 한 토막을 잡수신 곳이다(눅24:33-43). 제자들은 이곳을 자주 이용했고 가룟 유다 대신 제비뽑아 '맛디아'를 사도 반열에 올려놓은 곳이며(행1:12-26) 제자들이 열심히 기도하던 중 오순절 성령강림을 체험한 장소이기도 하다(행2:1-3).

다락방 내부는 로마네스크 양식으로 중앙에 3개의 기둥과 주위 벽면에 8개의 기둥이 곡선으로 연결되어 아치를 이루며 천정을 받치고 있었다.

예루살렘 역사와 함께 이 다락방도 파괴되고 복원되기를 여러 번 반복했고 이슬람 사원으로 쓰인 적도 있었다 한다. 우리 일행은 먼저 마가 다락방을 둘러보고 1층에 있는 다윗 왕의 가묘를 보았다.

이스라엘 역사에서는 여러 명의 왕이 등장한다. 그런데 어느 왕의 무덤도 그 위치를 알 수 없단다. 아무리 왕이라 해도 무덤을 거대하게 만들어 인간을 영웅화할 수 없다는 신앙 때문이다. 다윗 왕도 마찬가지다. 그 무덤의 위치를 알 수 없기에 시온 산에 가묘를 만들어 그를 기념했다.

큰 석실 안에 길이 2m 폭 1m 정도의 석관이 있었고 천으로 덮여 있었으며 천에는 유대인의 상징인 다윗의 별을 그려 놓았다. 성역이므로 남자는 유대 식으로 모자를 쓰고 방에 들어가야 하고 여자는 어깨가 덮인 옷을 입어야 입장이 가능하다.

베드로 통곡교회

예수께서 겟세마네에서 배반당하여 체포된 후 끌려온 대제사장 가야바의 집터 위에 세워진 베드로 통곡 교회를 방문했다. 당시 이곳은 예수의 첫 재판이 열린 곳이다. 베드로는 예수님 수난 직전까지 주님을 부인하지 않고 따르겠다고 호언장담했으나 예수님은 베드로가 닭이 울기 전에 세 번이나 자기를 부인할 것이라고 예언하셨다. 베드로는 예언하신 대로 세 번 부인했고 그 말씀이 기억나 밖에 나가 통곡 하였다(마26:69-75). 죽음의 공포에서 3번이나 예수님을 부인했던 그곳에 통곡 교회가 세워졌다. 교회 앞쪽에는 닭이 한 마리 올라앉아 있고 예수님을 부인하는 베드로 동상이 세워져 있어 교회 의미를 상징하고 있었다(마26:34, 막14:62-72, 눅22:54-62, 요18:15-18).

당시 대제사장은 도덕적 범죄를 집행할 수 있는 권한이 있었다. 따라서 대제사장 집에는 감옥도 있었다. 우리 일행이 본 교회 지하 감옥은 예수님이 잡힌 후 갇혀있던 감옥으로 여겨진다고 한다. 발견 당시 거의 완벽한 히브리어 측정자와 연자 맷돌, 지하 감옥 안뜰, 하인들의 거주지와 비잔틴 시대 교회 유적이 발견되었기 때문이다. 계단은 예수님 당시의 것으로 믿어지며 겟세마네에서 이곳까지 가장 짧은 길이기에 예수께서 걸어가셨던 돌계단이라 추정한단다. 우리는 가야바의 집무실 지하에 있는 감옥으로 내려갔다. 감옥에 위에서 아래로 뚫어놓은 직립 굴이 있었는데 이곳을 통해 죄수를 밧줄에 묶어 달아 내리고 올리고 하며 재판을 받았다고 한다. 지하 벽에는 그 과정을 형상화한 그림이 그려져 있었다. 또한, 이곳에서는 심한 고문을 당하기도 했는데 그 고통이 너무 심해 고문당하는 죄수의 가족들은 그 극심한 고통이 빨리 끝날 수 있게 죽여 달라고 뇌물을 주기까지 했다고 한다.

설명을 들으면서 저려오는 가슴에 그 고통이 스며드는 듯했다. 설명하던 전도사님의 선창으로 '예수 나를 위하여 십자가를 질 때……'찬송을 부른다. 여기저기서 흐느끼는 소리가 나고 흐르는 눈물을 주체할 수 없어 찬송을 부르지 못하는 일행도 있었다. 이번 순례 여행 중 예수님의 고난을 가장 가슴으로 깊이 느끼며 아픔을 공감한 시간이 아니었나 생각한다.

베드로 통곡 교회를 둘러봄으로 오전 일정을 마쳤다. 날씨는 연일 37~38도를 오르내린다. 체력과 입맛을 잃은 우리에게 전도사님은 집에서 마련한 도시락을 점심으로 제공했다.

예루살렘성

예루살렘 성에 입성했다. 하나님의 지상 거처인 성막, 성전이 있던 예루살렘 성은 하나님의 나라에 합당한 이상적인 수도를 상징한다. 그러나 이 신앙의 중심지는 여러 번 완전히 파괴되었고 지금까지도 이러한 슬픈 역사의 흔적이 성 곳곳에 고스란히 남아있었다.

성안에는 회당과 종교인 학교가 모여 있는 유대인 지구, 성전산을 포함한 가장 넓은 지역을 차지하고 있는 아랍 지구, 천주교 신자들이 거주하는 기독교 지구, 그 외 아르메니아인 지구로 나뉘어 있으며 성안에는 약 이만 명 정도의 인구가 살고 있다. 구시가지 지역은 다양한 물건을 파는 시장이 형성되어 있어 여행자들에게 볼거리와 즐거움을 제공하지만 길이 복잡하고 혼잡스러워 두려움도 느낀다.

예루살렘 성은 솔로몬이 건립하고 후에 바벨론에 의해 파괴되고 다시 느헤미야를 중심으로 재건하여 초라한 모습으로 있다가 로마 시대 헤롯에 의해 솔로몬 시대보다 세배나 큰 성으로 확장되었다.

AD 70년 로마의 티투스 장군에 의해 철저히 파괴된다. 이후 콘스탄틴 황제 때 복원되었다가 다시 638년 이슬람의 침공으로 빼앗겨 회교 사원이 세워졌다. 1099년에 십자군에 의해 다시 기독교 건물이 들어서고 1187년에 다시 이슬람에 빼앗겼다. 1516년 오스만 트루크에 의해 점령당하고 슐레이만 대제에 의해 성벽과 성문이 오늘날같이 건축되었다.

베데스다연못 / 성 안나교회

예루살렘 성 이슬람 구역의 관문인 스데반 문(사자문)으로 들어갔다. 바로 오른쪽에 성 안나 교회가 있었고 교회 옆에는 예수님이 안식일에 38년 된

병자를 고쳐주신 베데스다 연못이 있었다(요5:6-9). '은혜의 집'이란 뜻을 가진 이 못은 간헐천으로 병을 치료하는 효력이 있었다(요5:3-4). 따라서 많은 환자가 와서 치료받기를 원했던 곳이다. 이곳은 현재 완전히 파괴된 건물의 잔해만 흉물스럽게 남아있어 설명을 듣지 않으면 무엇이 존재했는지를 알 수 없는 곳이 되어 있었다.

베데스다 연못 바로 옆에 있는 '성 안나 교회'는 예수님의 어머니 마리아가 태어난 곳이자 마리아의 어머니 안나의 집이 있었다고 전해지는 장소다. 즉 예수님의 외할머니 집이다. 이 교회는 비잔틴 시대인 400년경 최초로 세워졌으나 614년 페르시아의 예루살렘 침공 시 파괴되었다가 여러 과정을 거쳐 1140년에 발드윈의 부인에 의해서 로마네스크 양식의 교회가 다시 세워졌다. 그 후 베네딕트 수도회에서 관리했으나 1192년 예루살렘을 정복한 살라딘이 이곳을 이슬람 신학교로 개조하였다가 1856년 오스만 투루크 제국이 크림전쟁 당시 프랑스 원조에 대한 호의로 파괴된 교회와 부지를 양도

했고 교회는 복원되었다. 교회 내부의 아치형 주량은 십자군 시대의 건축양식을 잘 보여주고 있으며, 교회 천정의 공명은 예루살렘 여러 교회 중 가장 잘된다고 알려져 있다. 우리는 아주 특별한 추억 하나를 만들었다. 마치 합창단 발표회를 하듯 4열로 서서 '다 찬양하라' '나 같은 죄인 살리신' 두 곡의 찬송가를 합창했다. 참으로 감동적이고 은혜로운 시간이었다.

예수님의 고난

예루살렘 성 안에서 예수님의 고난의 여정을 이해하기 위해서는 당시 역사적 배경을 이해하는 것이 우선한다며 전도사님은 그 배경에 관해 설명한다. 유대인의 3대 절기에는 최대 3배의 인원이 예루살렘으로 몰려들었다. 따라서 총독은 평소에는 총독관저가 있는 가이사랴에서 집무를 보지만 절기 때가 되면 예루살렘에 와서 안토니오 요새에서 집무를 보았다. 당시 군중들과 대제사장은 예수님을 붙잡아 총독 본디오 빌라도에게 보낸다. 본디오 빌라도는 예수님을 신문하고 십자가형을 선고한다(마27:1~2). 우리는 본디오 빌라도가 예수님을 심문하고 십자가형을 선고한 곳(선고교회)과 채찍을 맞은 곳으로 갔다.

기독교에 있어서 가장 의미 있는 성지순례는 여기서부터 십자가에 못 박혀 운명한 곳까지가 아닐까 생각해본다. 십자가 수난의 길은 '슬픔의 길'이란 뜻인데 예수께서 빌라도의 법정에서 재판을 받으신 후 십자가를 지고 걸어가신 길이기에 '십자가의 길'이라고 한다. 18세기 이전에는 예수께서 멈추신 곳을 7개 처로 보았으나 이후부터 14개 처로 늘어났다. 그 모두가 역사적으로 검증되지는 않았지만, 이 길을 걸으며 14개 처마다 우리에게 주는 고난의 의미를 새겨 보아야 하는데, 우리는 고난의 의미는커녕 전도사님의 뒤를 쫓아가기도 힘들었다.

여기에서 다시 한 번 각 처소가 주는 고난의 의미를 되새겨 보고자 한다.
- **제1처소** 당시 빌라도의 근무처이자 예수님이 사형선고를 받은 곳. 헤롯왕 안토니오 요새 안에 위치하는데 지금은 아랍인 초등학교로 쓰이고 있고 예수께서 서셨던 자리에는 막대기를 세워 놓았다. 선고 교회가 세워져 있었다.
- **제2처소** 로마 군인들이 예수님께 가시면류관을 씌우고 채찍으로 매질한 곳. 살이 찢기는 고문이 있었고 그 후 예수님은 이곳부터 십자가를 지시고 걸어갔다. 매질 당하던 곳에 채찍 교회가 세워져 있었고 우리 일행이 방문했을 때 가톨릭에서 미사가 진행되고 있었다.
- **제3처소** 채찍을 맞은 후 십자가를 지고 가던 예수님이 처음으로 넘어진 곳. 쓰러지신 자리에 세워진 작은 폴란드 교회의 출입문 위에 쓰러진 예수님의 조각이 새겨져 있었다.
- **제4처소** 예수님이 십자가를 지고 걸어가던 중 어머니 마리아를 만난 곳. 마리아가 예수님을 바라보고 경련을 일으켰다는 자리에 아르메니아 교회가 서 있다. 그 출입문 명판에 예수님과 마리아상이 새겨져 있다.
- **제5처소** 구레네 시몬이 예수님을 대신해 십자가를 진 곳. 이 자리에는 19세기에 건립된 프란체스코 교회가 있다.
- **제6처소** 예수님을 보고 있던 여인들 중 베로니카라는 여인이 예수님의 땀과 피를 닦아 주었던 곳. 성경에는 이 장면이 기록되어있지 않다. 베로니카 교회가 세워져 있다.
- **제7처소** 예수님이 십자가를 지고 두 번째 쓰러진 곳.
- **제8처소** 십자가를 지고 가던 예수님이 그를 보며 우는 여인들에게 '예루살렘의 딸들아 나를 위해 울지 말고 너희와 너의 자녀를 위해 울라'(눅

23:28)고 말씀하신 곳.
- **제9처소** 예수님이 십자가를 지고 마지막으로 넘어지신 곳. 콥티교회 대주교관 입구 돌기둥에 9처소임을 표시해 두었다.
- **제10처소** 로마 병사들이 예수님의 옷을 벗긴 곳.
- **제11처소** 로마 군인들이 예수님의 손과 발에 못을 박은 곳. 로마 군인들은 예수님을 십자가에 못 박고 그의 옷을 벗겨 제비를 뽑아 나누어 가졌고 빌라도 총독이 십자가 위에 '유대인의 왕'이라는 명패를 붙였고 군중은 '유대인의 왕이여 십자가에서 내려오라 그러면 우리가 믿겠다.'고 조롱하던 곳이다.
- **제12처소** 십자가에 달리신 예수님이 운명하신 곳. 성묘교회가 서 있고 그리스정교회 제단에 십자가 위의 예수님이 장식되어있다.
- **제13처소** 예수님의 시신이 십자가에서 내려져 세마포에 싸여진 곳. 이곳에 큰 돌판이 있었는데 수많은 사람이 이 돌판 위에 손을 얹고 간절히 기도하고 있었으며, 어떤 여인은 자신의 긴 머리카락으로 돌판을 문지르며 눈물로 기도하고 있었다. 그 돌판 위에서 예수님의 시신을 염했다고 전해지기 때문이다.
- **제14처소** 예수님의 무덤이 있던 곳. 2000년 전 초라한 무덤은 지금은 웅장하고 화려하게 치장되어 있었다.

14개 처소를 돌아보며 각 처소마다 우리에게 주고자 하는 의미와 메시지가 분명 있었을 것인데 우리는 그 의미를 새김질할 시간도 영성도 준비되지 못했다. 깊은 묵상을 통해 영성을 회복하고 준비하는 시간을 많이 가졌어야 했다. 그런 과정을 거친 후 이곳에서 주님의 고난을 되새기며 그분의 세미한 음성을 들어야 했다. 그저 일상화되고 관행화 되어버린 성지순례였기 때문일까. 여기서 우리는 예수님의 고통을 느끼지 못했다.

고통 중에서도 우리를 지그시 바라보는 그 사랑의 눈빛을 보았어야 했다. 십자가를 지시고 골고다를 향해 걸었던 800m의 길, 14곳 처소에 멈출 때마다 그곳에서 일어났던 일을 깊이 묵상하며 더듬어 갔어야 했다. 왜냐하면 이 길은 순례자들의 신앙적 자세와 믿음에 관한 질문이었기 때문이다.

▲ 성묘교회 내부

통곡의 벽

성묘교회까지 둘러본 우리는 다음 코스인 통곡의 벽으로 이동한다. 구시가지 유대인 지구에 있는 통곡의 벽은 유대인의 안식처요 성지중의 성지다. 솔로몬이 세운 성전은 바벨론에 파괴되었다. 바벨론에 포로 되었다가 돌아온 유대인들은 우선 성전부터 재건하였는데 이것이 제2성전이다. 이어 헤롯이 두 번째 성전을 대폭 증축하고 새롭게 단장하는데 이 성전을 헤롯 성전이라고도 한다. 통곡의 벽은 이 성전을 세울 때 쌓은 외벽 일부이다. 기원후 70년 로마의 티토스 장군이 예루살렘을 함락했을 때 성전을 파괴하면서 한쪽 벽을 남겨두었는데 위치가 서쪽이라 서쪽 벽이라고도 한다. 서쪽 벽은 약 60m 정도 남아있다. 그 후 나라를 잃고 전 세계에 흩어져 살다가 비잔틴시대에 와서야 1년에 단 하루, 성전이 파괴되었던 날에만 예루살렘을 방문할 수 있었다. 많은 유대인은 성전과 가장 가까운 이곳에 와서 슬피 울며 기도를 했기에 '통곡의 벽'이라 하게 되었다.

이 통곡의 벽은 지하 17단 지상 7단으로 성전을 세울 때마다 파괴되고 남은 벽 위에다 덧쌓았기 때문에 위로 올라갈수록 돌 색깔과 크기가 다르다. 수많은 침략과 정복을 당하고 10여 차례 파괴된 참상의 흔적이다. 성전을 세워 하나님께 헌납한 솔로몬에게 하나님은 이곳에서 기도하면 들으시겠다고 약속하셨기에(왕상9:3) 유대인에게 이곳은 가장 중요한 기도처가 되었고 많은 유대인은 이곳에서 간절히 기도한다.

우리가 순례한 날이 안식일이다. 안식일은 사진촬영이 금지된다고 한다. 하지만 유대인들이 가장 많이 모이기에 볼거리 또한 가장 많다고 했다. 벽 밑에는 많은 유대인이 기도하고 있었다. 남자는 왼쪽 여자는 오른쪽으로 구역이 나누어져 있었는데 남자 구역에는 얼마 남아있지 않은 벽 밑의 내부를 유리판을 통해 관람할 수 있었다. 우리 일행은 유대인들이 하는 것처럼 벽을 붙잡고 세계 모든 열방과 이스라엘 국가와 민족을 위해, 우리 조국 대한민

국을 위해, 두고 온 교회와 교우들을 위해, 함께 순례하는 성순회 회원을 위해, 복음을 받아들이지 못한 친구들을 위해, 아픈 자와 상처받은 자들을 위해, 가정과 자녀들을 위해, 간절히 기도했다.

베들레헴

예루살렘 성을 나와 베들레헴으로 향한다. 베들레헴은 예루살렘 욥바 문에서 남쪽으로 약 10km 지점에 있고 유대 지방에 속한다. 베들레헴에는 사사 시대의 효부 룻의 시가가 있었던 곳이다. 그는 이곳으로 시어머니 나오미를 따라와 보아스와 재혼함으로 예수님의 조상(룻 4:10)이 되었다. 또한 이곳은 다윗이 어릴 때 목장에서 양을 쳤다.

베들레헴은 예수그리스도의 탄생지이다. 예수님이 태어났다고 전해지는 동굴 위에는 예수 탄생교회가 세워져 있다. 1967년 6일 전쟁 당시 이스라엘이 점령하였다가 1995년 12월 팔레스타인으로 반환하여 현재는 팔레스타인 자치구역으로 유대인의 출입이 금지되어있다.

옛 지명은 '에브랏'(창48:7), 이스라엘이 가나안을 정복한 후, 스블론 지파에 속한 '베들레헴'(수19:15)과 구분하기 위해 '유다베들레헴'(룻1:1)으로 불렀다. 미가 선지자는 메시아의 탄생지를 예언하면서 '베들레헴 에브라다야'라고 부르기도 했다(미5:2). 예수께서 이곳에서 탄생하시므로 이 예언은 성취되었다.

우리가 들어가는 베들레헴은 팔레스타인 자치지구여서 유대인들은 들어갈 수 없지만, 관광객들은 통과할 때 검문소에서 엄격한 검문을 거쳐 들어갈 수 있다. 우리도 이 과정을 거친 후 베들레헴으로 들어갈 수 있었다. 설렘과 부푼 기대를 안고 도착한 베들레헴은 조금 실망스러웠다. 종교적 역사적으로 너무나 유명한 이곳은 거리는 좁고 복잡하며 지저분하고 삭막했다. 왠지 썰렁하고 을씨년스럽다. 과연 이곳이 이스라엘의 가장 위대한 다윗 왕의 고향이며 예수그리스도가 태어난 곳인가? 라는 의문을 품게 한다. 아마 관할이 팔레스타인 구역이라 그런 모양이다.

  호텔에 도착했다. 여장을 풀고 휴식을 취하던 중 폭죽 터지는 소리가 들리는 것 같았다. 우리는 어느 행사장의 개막식 폭죽 터트리는 소리인 줄로 알았다. 아침에 일어나 자초지종을 듣고 경악했다. 그 소리는 총소리였고 총격전이 약간 있었다는 설명이다. 마치 여기서는 흔히 있는 일이라 별것 아니라는 식이다. 호텔에 도착하자마자 여기는 치안이 좋지 않아 절대 밖으로 나가지 말라는 당부의 이유를 알게 한 사건이었다.

예수님 탄생교회

  예수님 탄생 교회를 방문했다. 예수님이 승천한 후 그가 태어난 장소에 135년 하드리아누스 황제가 유대인의 반란을 진압한 후 기독교 말살정책의 일환으로 태어나신 곳에 아도니스 신전을 세웠다. 326년 콘스탄티누스 황제 어머니 헬레나가 이곳을 방문한 뒤 신전을 허물고 교회를 짓게 하여 339년 교회가 세워졌다. 그러나 이 교회는 6세기 초 지진과 화재로 파괴되었고 지금의 교회는 565년 비잔틴제국의 유스티니아누스 1세 때 재건된 것이란다. 그 후 1400년 이상 외부 침입을 허락하지 않는 세계에서 가장 오래되고, 이스라엘에서 회교도에게 파괴되지 않은 유일한 교회라고 한다. 특히 이 교회에 들어가는 '좁은 문'이라는 정문은 높이가 1.2m 정도이기 때문에 누구든지 머리를 숙이고 몸을 낮추고 들어가야 하도록 만들어져 있다.

  십자군 당시 교회를 보수할 때 이렇게 입구 높이를 낮추고 그 폭도 좁게 만들어 놓았다. 일명 '겸손의 문'이다. 이유는 약탈자들이나 침입자가 말이나 마차를 타고 교회에 출입하는 것을 막고자 함에 있었다. 그 이후 왕이나 제후들을 막론하고 이곳을 찾는 순례 객들은 자기 몸을 낮추고 들어가야 아기 예수님 탄생하신 곳을 볼 수 있게 되었다.

전도사님의 안내로 교회 내부 지하로 내려갔다. 바닥을 대리석으로 깔아 놓은 작은 동굴이 있었는데 이곳이 아기 예수께서 탄생하신 곳이란다. 그곳에는 1717년 가톨릭교회에서 은으로 만든 14각의 별 모양의 장식이 박혀 있어 많은 사람이 그 앞에 엎드려 입을 맞추는 모습이 보였다.

예수님 탄생 지점과 그 당시 마구간이었던 장소가 순례 객들로 발 디딜 틈도 없이 붐비고 있다. 동굴은 아늑하고 어두워 예수님이 태어난 날을 소박한 분위기로 연출해 놓고 있었다. 교회 내부에는 화려한 아르메니아 정교회 제단, 그리스 정교회 제단, 로마 가톨릭 제단이 같이 있었다. 1847년 마구간의 14방향의 은색별이 도둑을 맞았다. 이곳에 들어와 있는 그리스정교회와 아르메니아 정교회, 가톨릭 공동체는 서로가 도둑이라고 비난하고 의심했지만, 그 도둑은 찾지 못했고 지금의 별은 사본으로 대체된 것이다.

세 종파의 다툼과 싸움은 천 년 이상 계속되다가 지금은 그럭저럭 타협해서 애매한 동거가 계속되고 있다. 현재 탄생교회는 15명의 협의체를 만들어 운영하는데 그리스정교회 6명 아르메니아 5명 가톨릭 4명으로 구성되어 어정쩡한 한 지붕 세 가족으로 복잡하게 유지되고 있다고 한다.

목자들의 들판교회

순례 7일째, 계속되는 무더위와 빡빡한 일정에 모두 피곤해 한다. 오늘 일정도 만만치 않다. 상부 이스라엘로 가기 때문이다. 조식 후 호텔 옆에 있는 목자들의 들판 교회를 방문했다. 예수님의 탄생을 알리려고 천사들이 목자들에게 제일 먼저 나타난 곳이라고 전해지는 들판(눅2:8-10)에 목자들의 들판 교회가 세워져 있다. 예수 탄생교회와 동쪽으로 2km 정도 떨어져 있는데 교회 주위는 아직도 들판이었다. 성경 룻기에 룻과 보아스가 맺어진 곳, 그래서 이 들판은 '보아스의 들'이라고도 한다.

교회 정문 위에는 천사 조형물이 있었고 자그마한 교회 천정은 유리 돔으로 베들레헴 하늘과 밤에는 별빛을 볼 수 있게끔 설계되어 있었다. 목자들의 들판 교회 순례를 끝으로 예루살렘의 순례를 마무리한다.

상부 이스라엘

이스라엘의 수도는 예루살렘과 텔아비브 두 도시인데 예루살렘에는 대법원, 국회, 행정부서가 있고 1950년부터 총리 관저가 옮겨와서 영원한 이스라엘의 수도로 선포했다. 텔아비브는 국제용 수도이다. UN은 예루살렘을 수도로 인정하지 않으니 그렇게 될 수밖에 없다. UN이 인정하지 않는 것은 복잡한 국제정치문제, 중동 관계 등이 얽혀있어 그렇다고 한다. 이 도시에는 각국의 대사관을 비롯하여 외교부서와 외교관들이 상주한다. 한국은 일찍이 이스라엘과 수교하였으나 1974년 1차 오일 파동 때 중동 국가의 눈치를 보느라 단교했다가 20년이 지난 1994년에 재수교하여 오늘에 이르고 있고 현재 대사관은 텔아비브 옆에 있는 헤르질야에 있다.

텔아비브 옆에 욥바라는 고대도시가 있다. 욥바는 구약시대 단 지파가 배정받은 영토이고 레바논에서 백향목을 운송한 항구도시(대하2:16, 스3:7)이며 요나 선지자가 하나님의 명령을 어기고 다시스로 도망하기 위해 배를 탄 곳(욘1:3)이기도 하다. BC 500년부터 있었던 도시이다. 텔아비브는 1909년에 세워진 현대 도시이다. 작은 뉴욕이라 불릴 만큼 야경이 아름다운 항구도시이다. 이 도시를 벗어나면 끝없이 펼쳐지는 기름진 들판이 나왔다. 온갖 식물이 풍요롭고 풍성한 과일도 많다. 블레셋 평야이다. 우리는 해안선을 따라 올라가 첫 번째 순례지 가이사랴에 도착했다.

가이사랴

'이스라엘은 헤롯왕 때문에 먹고산다'라는 말이 있을 정도로 헤롯왕은 이스라엘 역사에 남을만한 건축물을 많이 남겼는데 그중에서도 그의 야심작으로 꼽히는 건축물이 바로 이 가이사랴에 있다.

가이사랴는 헤롯왕에 의해 BC 22-AD 10년에 세워진 지중해 해변의 항구도시이다. 헤롯의 건축물은 현재 많은 부분 파괴되었지만, 일부는 아직까지도 잘 보존될 만큼 견고하고 웅장하다. 항구와 수로 원형경기장 및 도로 대리석으로 꾸며진 화려한 신전과 궁전 등은 당시의 모습과 건축 수준을 추측할 수 있게 한다. 그가 남긴 극장은 아직 이스라엘 사람들에 의해 공연장으로 사용되고 있다. 우리가 도착한 시간에도 극장 앞에서는 공연을 위해 음향을 설치하고 있었다.

이곳은 로마로 향하는 관문으로 AD6년 이후 예수님 당시에는 로마의 총독부가 주둔하던 곳이었다(행 12:19). 또한 하나님을 경외한 이탈리아 군대의 백부장 고넬료가 있었고(행10:1-43) 바울 사도의 선교여행 기지이기도 했다(행9:30, 18:22, 21:8). 사도바울이 로마로 호송되기 전 2년 동안 감옥에 갇혀 있었던 곳이다.(행 24:27)

헤롯은 자신의 권력을 과시하기 위해 거대한 항구도시를 건설하고 당시 로마 황제 가이사랴의 이름을 따서 도시 이름을 지었다. 이곳은 십자군 원정이 실패로 끝나자 이슬람에 의해 거의 파괴되고 600년간 모래 속에 묻혀 있다가 20세기 들어와 고고학자들의 손에 의해 발굴되어 과거의 모습을 드러냈다. 인공으로 만든 도시지만, 이집트의 알렉산드리아, 터키의 안디옥과 함께 지중해 3대 항구로 꼽힐 만큼 거대하고 아름답다.

우리는 일만 명을 수용했던 원형경기장, 성악가 파바로티가 '오-솔레미오'를 열창했던 4,000명을 수용할 수 있는 반 원형극장과 헤롯궁전, 가이사랴는 물이 없는 도시이므로 북쪽 갈멜산에서 물을 끌어올 때 사용된 높이 8m, 길이 75km의 아치형 수로 등 로마 최고의 정교하고 웅장한 시설들을 둘러보았다. 또한 홍보관에서 그때 당시의 정치적 배경과 도시의 역사, 아름다운 항구의 모습을 준비된 영상으로 감상할 수 있었다.

갈멜산

갈멜산은 이스라엘 3대 도시 가운데 하나인 하이파시가 있는 하이파만으로부터 시작해서 이즈르엘 골짜기를 따라 남동쪽으로 길게 뻗은 산맥에 위치한 해발 552m의 산이다. 갈멜산으로 오르는 주위에는 수백 년 이상은 되었음 직한 올리브나무와 소나무 상수리나무 등 많은 종류의 나무들이 울창한 숲을 이루고 있었고 산 주위는 물론 곳곳에 두르드족 마을도 보였다. 두르드족은 모세의 장인 이드로의 후손이라고 알려졌으며 현재 이스라엘군에서 가장 용감한 군인들은 이 두르드족 사람들이라고 한다. 갈멜산은 기독교인에게는 선지자 엘리야와 바알 선지자 450명, 아세라 선지자 400명이 대결해 하나님의 응답으로 이들을 물리친 사건으로 기억되는 곳이다. 하나님의 살아계심을 증거한 자리에 엘리야 기념교회와 1836년에 건립된 희랍 정교회소속 수도원도 세워져 있었다. 수도원 마당에는 엘리야가 제단을 쌓았던 장소에 바알 선지자를 밟고 칼로 쳐 죽이는 석상이 세워져 있었다. 그 기개가 대단해 보였다. 우리 일행은 교회 내부에 들어가 묵상하며 당시 아합 왕과 백성들이 보는 가운데 하늘로부터 불길이 임하여 번제물과 나무와 돌과 흙을 태운 사건을 상상해보기도 했다. 갈멜산 순례를 마치고 내려오는 길목에는 상수리나무가 군락지를 형성한 숲이 보였다. 이곳의 상수리나무에 압살롬은 머리채가 걸려서 요압 장군에 의해 죽게 된 곳이라고 했다. 결국 아버지를 배반하고 반역을 도모한 그가 가장 아끼던 머리카락 때문에 죽게 된 것이다.

므깃도

하이파시에서 동쪽으로 15km 떨어진 곳에 있는 므깃도는 평지보다 50m 높은 언덕에 있는 성읍이다. 므깃도는 남북과 동서를 연결하는 교통의 요충지이다 보니 군사적으로도 매우 중요한 위치에 있었다. 북쪽으로는 시리아, 남쪽으로는 애굽을 왕래하는 통로였다. 따라서 이곳을 차지하기 위해 북쪽으로 페르시아와 시리아, 동쪽으로는 바벨론, 남쪽에는 이집트 등이 이곳을 장악하기 위해 치열한 전쟁을 반복했다.

성경에 므깃도는 여호수아가 땅 배분 시 므낫세 지파에게 분할되었는데 원주민들의 완강한 저항에 완전히 차지하지 못했다(수17:11-13). 통일왕국 시대의 므깃도는 다윗 왕이 점령했고 솔로몬 왕 때 성이 건축되었다. 일반적으로 솔로몬 시대에 건축했다는 마병성을 이곳으로 보고 있다 한다(왕상 10:26-29).

BC 9세기에 유다 왕 아하시야가 예후에게 쫓겨 므깃도까지 도망 와서 죽었다고 기록되어있다(왕하9:27). 기원전 400년경까지 이곳에는 전쟁이 끊이지 않았고 도시가 파괴되면 그 위에 새로운 도시를 건설했다. 현재 24개 층이 확인되었는데 이것은 24번이나 파괴되었다는 것을 말해주고 있다.

이곳은 이스르엘 평야에 자리 잡고 있어 이스라엘의 가장 전략적 요충지다. 이스르엘 평야는 사실상 이스라엘의 곡창지대라 부를 만큼 기름진 옥토이다. 여기에는 이스라엘 키부츠와 모샤브의 절반 이상이 이곳 주변에 형성돼 있는데 그것만 보아도 이곳이 얼마나 중요한 곡창지대인지 알 수 있다.

우리는 지상의 유적들을 둘러보고 아합왕 때 빗물을 저장하도록 만들어놓은 물 저장소가 있는 지하 80m의 수로를 내려갔다. 수로를 따라 걸으며 그때의 시대적 상황과 역사적 배경을 상상해보기도 했다.

▲ 므깃도

나사렛

 갈릴리 남쪽에 위치한 나사렛으로 간다. 도로 옆으로는 끝없이 펼쳐지는 목화밭이 있었고 목화가 익어 하얀 목화 꽃이 만발해있다. '초소' '망루'라는 뜻을 가진 나사렛은 예루살렘에서 북쪽으로 91km 떨어진 곳에 있다. 그런데 전도사님이 이 거리를 도보로 걸어보았단다. 예루살렘에서 여리고까지가 35km로 하루가 걸렸고 갈릴리에서 나사렛까지 사흘이 넘게 걸렸다고 한다. 예루살렘에서 요단강을 따라가는 길도 있다고 하는데 이 길은 조금 가깝다고 한다. 아무튼 나사렛은 해발 375m에 위치한 마을로 주위 언덕들에 둘러싸여 아담한 느낌을 받았다. 언덕에는 흰색 주황색의 집들이 옹기종기 모여 있어 아름다운 풍경을 연출했고 온화한 기후와 적절한 강수량으로 올리브나무, 삼나무 등 식물들이 잘 자라며 고원지대라 경관이 매우 아름다웠다.

나사렛은 예수님의 모친 마리아가 수태고지를 받은 곳이다(눅1:26-33). 또한 마리아와 요셉이 헤롯왕의 유아 대학살을 피해 애굽으로 피난하기 전 이 마을에서 살았다. 이후 애굽에서 돌아온 뒤에도 그들은 이곳에서 거주하였다(마2:23). 따라서 예수님은 공생애를 시작하시기 전 이곳에서 계속 살았기 때문에 흔히 우리가 '나사렛 사람 예수' '나사렛 예수'라고 부른 이유를 여기서 찾을 수 있다.

그러나 공생애 기간 중에도 몇 차례 방문하여 복음을 전했으나 배척받았고 심지어 생명의 위협(눅4:16-29)까지 받으셨다. 나사렛은 이스라엘에서 유일하게 기독교인들이 많이 살고 있는 지역이라고 한다. 오래전 나사렛은 90% 이상이 기독교 신자였으나 지금은 60% 정도가 아랍계 기독교인이고 나머지는 무슬림이라고 한다. 특히 요즘 나사렛은 과거와 달리 꽤 큰 도시가 되었다 한다.

마리아 수태고지교회

20세기 가장 유명한 교회 건축가 이탈리아 '무치오'가 설계하여 지은 마리아 수태고지교회를 방문했다. 천사 가브리엘이 예수의 어머니 마리아를 찾아와 아들을 낳게 될 것이라고 말했던 장소에 세워졌고 마리아가 어린 시절 살았던 곳이기도 하다.

이 장소에 건설되었던 여러 교회는 파괴되고 재건되는 아픈 역사를 가지고 있다. 현재의 건물은 다섯 번째 교회로서 1263년 회교도 '바이바르스'에 의해 파괴되었던 것을 프란체스코회 수사들이 1730년 이 부지에 다시 지었다. 1955년 오늘날의 교회를 짓기 위해 철거하였고 1969년에 현재의 교회를 헌당한 것이다. 옛날 나사렛의 풍경과 현대적인 이 교회의 모습은 그다지 조화롭지 않지만, 교회는 다른 어떤 교회보다 훨씬 웅장하고 아름답다.

　교회 내부 스테인드글라스의 여러 가지 고운 색과 백합 모양의 천정에서 새어 들어오는 빛의 조화는 환상적이었다. 현재의 교회 건물은 이 지역에 깃든 역사적인 요소들을 유지하면서 로마교회가 지닌 다양한 성격을 나타낸다고 한다. 교회 옆 벽은 두 층으로 나누어져 있는데 남아있는 오래된 벽 위에 새로 쌓았기 때문이다. 중앙 출입구는 '바이바르스'가 파괴하지 못했던 유일한 부분인데 수태고지 돌집으로 이어진다.

　교회 정문에는 가브리엘 천사가 마리아에게 예수의 수태 소식을 전해주는 장면과 예수님의 복음 활동이 4복음서로 조각되어 있었고 세계 여러 나라에서 성화를 기증해서 전시해 두고 있었다. 우리나라에서도 모 교수님이 보내온 한복을 입은 성모마리아가 아기 예수님을 안고 있는 성화가 전시되어 있었다.

요셉 기념교회 / 가나교회

　마리아 수태고지 교회 바로 옆에 세워져 있는 요셉 기념교회를 방문했다. 이 교회는 요셉이 목수 일을 하고 있었다는 장소에 세운 교회로 수태 고지 교회에서 50m 정도 떨어져 있었다. 325년에 최초로 세워졌으나 외부의 침입으로 파괴되고 현재의 교회는 십자군 시대의 교회 유적 위에 1914년에 건축을 시작 1919년에 완공했으며 3층 구조로 되어있다.

　교회 지하에 있는 동굴은 물과 음식물 저장고로 로마 시대의 전형적인 주거 공간 형태를 하고 있으며 비잔틴 시대에는 예배 장소로 사용되었다고 한다. 이곳에서 목공 도구가 발견되었다고 하며 세례 터와 기름틀, 창고 등이 있었다. 이 정도의 규모와 시설이라면 요셉의 집안은 경제적으로 어려움이 별로 없는 중산층 이상이었을 것이라고 추측하기도 한단다.

　다음으로 방문한 교회가 가나혼인잔치 기념교회이다. 요한복음 2:1-11에 가나혼인잔치 시 잔치 중간에 포도주가 떨어졌다. 그때 예수님은 물을 항아리에 부어라 하셨고 물을 포도주로 만든 이적을 행하셨던 것을 기념하는 교회다. 교회는 크지 않았다. 골목길 옆에 4세기경 처음 교회가 세워졌으나 파괴되었고 지금의 교회는 1879년 프란체스코 교회에서 '결혼교회'라는 이름으로 다시 세웠다. 가나는 현재 카프리-가나, 와 키르멧-가나, 두 개의 가설이 있으나 현재는 카프리-가나가 당시 기적을 행하셨던 곳으로 유력하며, 그곳에 두 개의 기적 교회를 세웠다. 하나는 가톨릭 프란시스코 교회, 다른 하나는 희랍정교회다. 두 교회는 각각 돌 항아리를 보관하고 있는데 서로 자기들이 보관하고 있는 항아리가 예수님 당시에 사용했던 항아리라고 주장한단다. 가나는 나사렛에서 동북쪽으로 8km 정도 떨어진 곳으로 비옥한 땅이며 가나 교회가 있는 지역은 30%가 기독교인이란다. '작은 동네'라는 뜻을 가진 카프리가나는 예수님 당시 나사렛보다 큰 도시였으나 지금은 나사렛의 작은 위성도시로 남아 있단다. 교회 내부를 둘러보고 지하 유물박물관에 있는 1세기 당시의 돌 항아리를 보았는데 생각했던 것보다 무척 거대했다.

돌 항아리 ▶

갈릴리호수 / 주일예배

헐몬 산에서 눈이 녹아 요단강 물을 만들고 이 물은 갈릴리 호수로 유입된다. 갈릴리 호수는 해발-212m에 위치하고 해발 300m 이상의 가파른 벼랑 산들로 둘러싸여 있다. 모양이 '긴노르'라는 악기와 비슷하다고 구약성경에는 '긴네렛'(민34:11) '긴네렛 바다'(수13:27)라고도 했고 신약에서는 '게네사렛호수' 또는 '디베랴 바다'라고 했다.

주위 둘레가 52km, 남북 21km, 동서 11km 깊이는 평균 26m 가장 깊은 곳은 45m 정도라고 한다. 해수면과 주변 산의 심한 높이차 때문에 강한 바람이 잔잔한 호수 면에 성난 파도를 일으키는 것을 종종 볼 수 있다고 하는데 성경에도 배에서 잠을 자던 예수님이 제자들을 위해 바다를 꾸짖어 잠잠하게 하는 장면이 기록되어있다. 갈릴리 호수는 어종이 다양하고 많아서 옛날부터 갈릴리에는 어업에 종사하는 사람이 많았다고 한다. 예수님은 이곳에서 어부였던 베드로와 안드레 야고보 요한을 제자로 삼으셨다.

갈릴리 호수 주변에 '티베리아스'라는 도시가 있다. 공동묘지 위에 세운 도시다. 따라서 유대인은 살지 않았고 이방인들만 살았다. 그러나 세월이 지난 지금은 정통 유대인들이 가장 많이 사는 도시로 탈바꿈했다 한다. 이유는 이곳이 유대인의 3대 성지(예루살렘, 헤브론, 티베리아스) 세 곳 중 한 곳이기 때문이다. 기원후 70년 예루살렘 멸망 시 유대인 율법 학교가 이곳으로 옮겨왔고 200년에는 산해 드린 공회가 이곳으로 왔으며 400년에는 탈무드가 이곳에서 완성되었다. 이곳 '티베리아스'에서 500년경에 필사된 성경 사본이 오늘날 우리의 성경이고 여기서 완성되었다.

오늘은 주일이다. 우리 일행은 선상에서 주일예배를 드리기로 계획되어있다. 준비된 배에 올라 예배를 준비했다. 호수는 물안개로 시야가 흐려 주변 이외는 아무것도 보이지 않는다. 선주 측에서 태극기를 게양 해준다. 우리는 모두 애국가를 제창했다. 예배는 순서를 맡은 자들이 진행하였고 헌금은 고국을 떠나 힘들게 공부하고 있는 전도사님에게 힘이 되었으면 좋겠다는 뜻으로 전액 학비로 전달했다. 감격과 감사로 은혜가 충만한 예배였다. 예배를 마친 우리는 누가 먼저랄 것도 없이 춤을 추며 찬송과 복음 송을 불렀다. 갑판 위에서 모두 어깨동무를 하고 강강술래 하듯 빙글빙글 돌며 각본 없는 뮤지컬을 연출했다. 우리의 찬양은 항구에 들어올 때까지 계속되었다.

상부 갈릴리

이스라엘은 전 지역이 성지로서 가치가 있지만, 예수님께서 공생애 기간 중 사역의 대부분을 수행한 지역이 갈릴리란 점에서 매우 중요하게 여기는 곳이다. 이곳 출신 어부들을 많이 제자로 삼으셨고 처음 복음을 전파하셨고 수많은 이적을 행하셨다. 부활하신 후 제자들에게 나타나신 곳이기도 하다.

우리는 계속 북쪽으로 올라간다. 이동 중에 곤란 고원이 보인다. 곤란 고원은 화산지대이기에 우리나라 제주도와 토질이 흡사하다고 한다.

들판에는 온갖 식물이 많이 자라고 있었고 나무들도 다양한 종류로 많이 자라고 있었다. 북쪽으로 가면 갈수록 물이 풍부해 식물과 곡식은 풍부하고 숲은 울창하다. 갈릴리는 아름다운 자연환경과 좋은 기후 풍부한 수량으로 고대부터 중요한 농경지였다고 한다. 경제적으로도 풍족한 이곳은 교통도 편리해 많은 사람이 살았지만 종교적으로는 심하게 타락한 곳이었다 한다.

골란고원 / 가이사랴 빌립보 / 텔단

가이사랴 빌립보를 가는 도중 '기르시모나' 마을을 지나가게 되었다. 산 능선은 따라 형성된 이 마을은 1881년부터 유대인들이 들어와 정착하게 되었는데 레바논 접경 지역이라 항상 전쟁의 공포가 있는 곳이란다. 따라서 거주지를 평지대가 아닌 산 능선에 자리하고 있었다. 이유는 레바논의 헤즈빌라 박격포 공격을 피하기 위함이란다.

골란고원

골란 고원은 이스라엘이 1967년 제3차 중동전쟁에서 시리아로부터 점령한 갈릴리 호수 동쪽의 요충지다. 레바논에서 물이 골란 고원을 통해 북에서 남으로 흐른다. 갈릴리 호숫물의 근원은 텔단에서 60% 골란 고원에서 30% 기타 10% 이기에 갈릴리 호수의 40% 정도의 물이 시리아 땅에서 나온다. 따라서 시리아가 물의 근원을 차단하면 갈릴리 호수는 마르게 된다.

지난 1967년 6일 전쟁은 시리아가 이 물의 근원을 차단하려는 계획을 이스라엘의 정보기관에서 첩보를 입수해 골란 고원을 장악했다. 이 전쟁은 영토전쟁이 아니고 물의 전쟁이다. 즉, 국가 생존에 관한 전쟁이었던 것이란다. 이때부터 이스라엘이 점령하여 현재까지 통치하고 있다.

세계 대부분 국가는 지금도 시리아 영토로 생각하고 있고 공식적으로도 시리아영토로 표현하고 있단다. 그러나 실질적으로 이스라엘이 지배하고 있기에 분쟁은 계속되고 있다. 현재 이스라엘 정부가 정착촌을 만들어 입주시키고 있으며 1만여 명의 드루즈 족과 소수의 아랍인이 같이 살고 있다. 우리나라에서는 여행금지구역으로 설정해 놓고 있단다.

가이사랴 빌립보

오전 10시경 가이사랴 빌립보에 도착했다. 가이사랴 빌립보는 이스라엘의 최북단 헐몬 산자락에 있으며 헤롯왕이 기원전 20년 로마 황제 아우구스도로부터 받은 도시로 헤롯왕이 죽은 후 그의 아들 헤롯빌립이 이곳을 자기의 수도로 정하면서 로마의 황제 이름과 자신의 이름을 따서 가이사랴 빌립보라 하였다. 헐몬 산으로부터 흘러내려 오는 풍부한 물이 요단강을 통하여 갈릴리 호수로 들어간다. 이곳은 지금도 바위 밑에서 맑고 많은 양의 물이 솟구쳐 오르고 있었고 넓은 강에는 많은 양의 물이 흐르고 있었다. 강 주위에는 많은 유적이 여기저기 흩어져 있었고 유적 주위에는 아름드리 무화과 나무가 울창한 숲을 이루고 있다.

특히 예수께서 이곳을 방문하였을 때 '사람들이 인자를 누구라 하느냐' '너희는 나를 누구라 하느냐'고 물으신 곳이며 베드로가 '주는 그리스도시오 살아계신 하나님의 아들이시니이다.' 라고 위대한 신앙 고백을 한 곳이다(마 16:13-20, 막8:27-30).

가이사랴 빌립보

텔단

텔단은 이스라엘 북단 경계지점으로 여로보암이 세웠던 금송아지 신전이 있었던 장소라는 것 때문에 순례객들에게 알려진 곳이다. 이 지역은 성경에서 이스라엘 첫 영토를 '단에서 브엘세바'까지라고 한 그 단이 바로 여기를 말한다. 텔단은 '단의 언덕'이라는 뜻이고, 텔은 '언덕' 단은 '높은 곳'이라는 뜻이다. 이스라엘을 생각하면 메마르고 척박한 광야가 먼저 떠오른다. 맞는 말이다. 그러나 여기 텔단에서는 그 생각과는 많이 다른 것 같다.

마치 밀림을 연상케 하는 울창한 숲과 돌 틈 사이로 솟구치는 풍부한 물은 풍요로움을 제공한다. 젖과 꿀이 흐르는 땅은 이런 곳을 두고 하는 말이 아닐까 싶을 정도로 모든 것이 풍요롭다. 헐몬 산의 만년설이 녹으면서 땅 밑으로 스며들어 이곳에서 솟아나는 풍부한 물 때문에 온갖 나무들로 울창한 숲을 이루고 이 숲은 36~7도를 오르내리는 이스라엘의 9월 더위를 14~16도 정도 유지하게 할 만큼 시원하다. 이 물이 모여 '바니아스' 폭포를 만들었다. 이스라엘에 이런 폭포가 있으리라고는 상상도 못 했는데 우리나라에서도 이런 폭포는 구경한 기억이 없다. 엄청난 수량의 물이 물보라를 일으키며 쏟아진다.

◀ 바니아스 폭포

우렁찬 물소리와 어울린 아름다운 계곡을 보며 세계 여러 나라에서 온 관광객들은 탄성을 자아낸다.

이곳이 더욱 관심을 끌게 된 것은 1993년 7월 21에 발견된 '텔단석비' 때문이다. 이 석비가 발견되기 전까지는 성서학계에서 다윗의 역사성이 문제가 되었다고 한다. 왜냐하면 다윗이 성서에 나오는 대로 탁월한 왕이었다면 동시대 고대 문헌에서 다윗의 이름이 거론되었어야 하는데 단 한 번도 언급되지 않았기 때문이다. 그런 와중에 텔단의 석비가 발견된 것이다.

아랍어로 기록된 길이 32cm 폭 22cm의 이 석비 조각에는 당시 다마스커스왕 하사엘(왕상19:15-18)의 비문이 13줄로 새겨져 있었는데 이 비문 8번째 줄에 다윗 왕조라는 단어가 새겨져 있어 다윗의 역사성에 대한 의문이 해소되었다고 한다. 이 비문은 성서 밖에서 다윗에 대해 언급하고 있는 첫 번째 문헌이며 이 문헌은 현재 이스라엘 국립박물관에 보관되어있다 한다.

이스라엘은 솔로몬 이후 르호보암으로 왕권이 넘어가는 과정에서 르호보암의 남 왕국 유다와 여로보암의 북 왕국 이스라엘로 분열된다. 해를 거듭할수록 북 이스라엘 왕은 여로보암의 최대 고민거리가 생겼다. 유월절이 되면 백성들이 성전이 있는 예루살렘으로 가는 것. 그런데 백성들이 가면 돌아오지 않는 것이다. 결국 인구가 줄어드는 심각한 문제가 생기자 인구의 유출을 막기 위해 벧엘과 단에 금송아지를 만들고 신당을 지어 백성들로 하여금 섬기게 한다. 예루살렘으로 가지 못 하게 하려는 조치였다(왕12:25-33). 하나님께서는 이러한 북 왕국의 죄를 책망하시기 위해 남 왕국 드고아의 평범한 농부인 아모스를 북 왕국으로 보내 예언하게 하셨다.

텔단 ▲

초막절을 보내는 유대인들 ▲

고라신 / 가버나움 / 팔복교회 / 오병이어, 수위권교회

고라신

고라신은 가버나움 북쪽 4km 지점으로 나무가 많은 곳을 의미한다. 하지만 이곳이 예수님 당시 '고라신' 마을이라는 것을 한 번에 알 수는 없었고 덩그러니 서 있는 표적지를 통해서만 알 수 있었다. 고라신은 예수님 당시나 그 후에도 수차례 동네가 건설되었다. 성경(마11:21-23)에는 단 한 번밖에 나오지 않지만, 가버나움과 같이 종종 가셨던 고장이고 한때는 번성했으나 가버나움과 함께 예수님의 저주를 받은 후 멸망되었다. 마을에 들어서니 마을은 폐허가 되어 있었고 유대인의 회당 유적이 무너진 돌기둥과 잔해들로 남아 있었다. 마을 주위에는 '지리푸나 그리스티'라는 가시 나무가 이곳저곳 많이 있었는데 이 나무로 예수님이 고난 받으셨을 때 쓰셨던 가시면류관을 만들었단다. 그 가시가 강하고 날카로워 우리 일행은 조심해서 만져보았다. 가시를 꺾어보려 했으나 너무 단단해 꺾이질 않는다. 그 가시로 면류관을 만들어 머리에 썼을 예수님을 생각하니 섬뜩하고 소름 끼친다.

유대인의 삶의 중심에는 회당이 먼저란다. 회당에서는 성인식을 치른 최소 10명 이상의 장정이 있어야 예배를 드릴 수 있고 안식일에 걸어갈 수 있는 최대거리가 2000규빗, 1규빗이 50cm이기에 1km까지만 허용된다고 한다. 따라서 회당은 1km 이내에 세워져야 했고 회당의 규모를 보면 당시 마을의 크기를 짐작할 수 있단다.

이 고라신 사람들에게 예수께서는 하늘나라에 대해 가르치시고 많은 이적을 행하셨으나 받아들이지 않아 크게 꾸짖으셨다. '화있을진저 고라신아 화있을진저 벳세다야 너희에게 행한 모든 권능을 두루와 시돈에서 행하였더라면 저희가 벌써 베옷을 입고 재에 앉아 회개하였으리라'고 말씀하신 것을 되뇌이며 다음 순례지로 향한다.

가버나움

가버나움은 예수님의 제2의 고향으로 불리는 곳이며 갈릴리 호수 북쪽 끝에 있다. 예루살렘에서 다마스쿠스를 거쳐 바벨론으로 통하는 주요 교역 중계지로 번성했던 도시다. 갈릴리에서는 가장 큰 2층 회당이 있었는데 1층은 남자, 2층은 여자들의 예배처소가 있었다고 한다.

가버나움은 예수님의 갈릴리 복음 전도의 중심지였다. 예수님은 나사렛을 떠나 사역을 시작하면서 오랫동안 머물렀던 곳이다. 성경 마9:1절에 '본 동네'라 언급할 정도로 예수님은 제자들과 고향처럼 자주 드나들었는데 고라신, 벳세다와 함께 사역했던 곳이다. 예수님은 이곳에서 수많은 이적을 행하셨다. 문둥 병자, 중풍 환자, 장님, 죽은 회당 장 '야이로'의 딸을 살리시고, 백부장의 하인, 손 마른 병자를 고치셨는가 하면 가난한 자 약한 자를 위해 헌신하시며 복음을 전했으나 많은 사람은 회개하지 않았고 믿지 않았기에 꾸지람을 받아 몰락하고 말았다.

우리 일행은 이곳을 둘러보고 여기서 점심을 먹었다. 호숫가의 큰 식당이었는데 관광객들로 북적였다. 메뉴 중 '피트피쉬' 일명 베드로 물고기다. 우리나라에 있는 참돔과 거의 똑같았다. 기름에 살짝 튀겨 숯불에 구웠다고 하는데 맛은 느끼했으나 괜찮은 편이었다. 한사람 앞에 한 마리씩 주어 양도 넉넉했다.

▶ 베드로 물고기

팔복교회

예수님께서 산에 올라가 산상 복음을 설교하셨던 곳에 세워진 팔복교회, 우리 일행은 가버나움에서 베드로 물고기로 점심을 먹고 첫 일정으로 팔복교회를 갔다. 갈릴리 주변에 있는 교회 중 가장 아름답고 평화스럽게 보였다. 탁 트인 전망에 입구부터 종려나무가 줄지어 서 있고 이름은 모르지만 여러 종류의 아름다운 꽃이 주변에 만발해 있었다. 갈릴리 호수가 내려다보이는 언덕에 자리 잡은 팔복교회는 한 폭의 그림이었다. 따스한 햇볕과 쉼터를 제공하는 나무 그늘 어디라도 앉으면 될 것 같은 잘 정리된 잔디정원, 지금의 팔복교회는 1938년 이탈리아 무솔리니가 자금을 지원해 세워진 것인데 수태고지 교회와 마찬가지로 교회건축가 '조반나 무치오'가 설계했다고 한다.

팔복을 상징하는 여덟 개의 각 면에 여덟 가지의 말씀이 라틴어로 기록되어 있다. 예수님이 이 동산에 올라 설교하신 것은 산바람이 호수 쪽으로 불 때 위에서 말을 하면 아래쪽으로 바람을 타고 잘 전달되는데 그 원리를 예수님이 이용하신 것이란다. 솔솔 불어오는 산바람이 얼굴을 스칠 때는 우리 곁에서 말씀을 전하시는 주님의 따스한 음성이 들리는 듯하다.

우리는 교회 안으로 들어가 팔복 송을 합창했다. 이곳을 관리하시는 분이 유난히 팔복 송을 좋아하신다는 것을 전도사님이 아시고 우리에게 요구한 것이다. 감격과 은혜가 넘치는 시간이었다.

팔복교회에서 바라본 갈릴리 ▼

오병이어, 수위권교회

예수님이 축사하시고 보리 떡 다섯 개와 물고기 두 마리로 오천 명을 먹여 섰던 곳에 세워진 오병이어 교회를 방문했다. 이 교회는 기원후 5세기경 비잔틴 시대에 처음 교회가 세워졌으나 지금의 건물은 독일 베네딕트 수도회에서 1936년에 지은 현대식 교회다. 교회 내부에는 물고기 모자이크가 비잔틴 시대의 유물로 남아있었다. 바로 그 위에 예수님이 음식을 가지고 축사할 때 밟고 있었던 돌이 놓여있었다. 재미있는 것은 예수님이 축사하시는 그림에 보리 떡 2개와 물고기 4마리만 그려져 있었다. 한 마리는 축사하신다고 손에 들고 있어 그렇다는 전도사님의 조크였다.

우리는 수위권 교회를 둘러보고 이스라엘의 순례 여정을 모두 마무리한다. 베드로 수위권 교회 또는 수제자 임명 교회라고도 하는 이 교회는 1938년 프란시스코 수도회에서 베드로가 미래 교회의 수장으로 선택된 것을 기념하여 바위 위에 세운 교회이다. 교회 옆에는 예수님이 베드로를 안수하는 동상이 있고 교회 중앙 앞의 바위는 예수께서 제자들을 위해 식탁으로 사용한 것이라 한다.

3. 요르단

 국경도시 벳산을 통과했다. 출국과 입국 수속을 마친 우리는 암만을 향해 출발한다. 가이드는 이해를 돕기 위해 요르단에 관해 설명한다. 요르단은 아라비아반도의 북서부, 지중해의 동남쪽에 위치해 있고 동쪽으로는 인류 문명의 발생지인 유프라테스와 티그리스강 유역의 메소포타미아와 인접해있으며 서쪽으로는 나일강의 이집트 문명의 주요 통로에 있다. 크기는 우리나라 남한 크기이며 인구는 약 820만명이란다. 수도 암만에 350만명의 인구가 밀집되어있고 국토의 75%가 산지와 사막인데 암만을 중심으로 북쪽 25%는 농경지, 남쪽 75%가 대부분 사막이다.

 전체 인구의 90%는 이슬람이며 기독교인은 10% 정도라고 한다. 주요 산업은 농업과 광공업, 중동 내륙의 교통 중심지로서 국제 항공노선과 통신망이 발달 되어 있다고 했다. 요르단은 1세기부터 6세기까지 기독교 문화권이었으나 636년 이슬람 문화권에 편입되었다가 11세기의 100년간은 십자군의 지배로 다시 기독교 문화권에 속했고 그 이후부터 현재까지 이슬람 문화권에 속하고 있다.

 요르단에는 세 강이 있는데 북쪽은 얍복강, 중간은 세렛강, 아래쪽은 아르논강 이다. 오늘의 요르단은 1927년 영국이 통치하였고, 1946년 영국의 위임 통치에서 정식으로 독립 국가가 되고 뒤이어 1949년 팔레스타인과 합병 후 정식 국명을 '요르단 하세에트 왕국'으로 변경하고 독립 국가가 되었다.

 헌법에 종교의 자유가 보장된 나라이나 종교의 변경은 불가능하다. 태어나 한번 호적에 종교를 올리면 평생 바꿀 수 없다. 이슬람은 금요일, 기독교는 일요일이 휴일이다. 국회의원 중 9석은 반드시 기독교인이 맡게 되어있어 이슬람 국가 중에서는 기독교에 대해 가장 우호적인 국가라고 한다.

암만에는 한인교회가 두 군데 있고 교인은 300명 정도 되며 한국 선교사는 현재 100명 정도가 활동 중이라 한다. 여기는 다른 중동 국가보다 기독교에 대해 우호적이기에 중동 선교의 전진기지로 삼고 있다고 한다. 요르단은 아랍권에서 교육열과 교육수준 그리고 물가가 가장 높다고 한다. 교육열이 높아 국립대에 입학하려고 재수 삼수는 기본으로 할 만큼 경쟁이 치열하단다. GNP는 3,000~4,000불 로서 생활 수준은 타 중동 국가보다 높은 편인데 이유는 중계무역과 정치적 영향력 때문이라 한다.

카락성

오늘 첫 일정은 카락 성이다. 모압 족의 수도였던 '길하레셋'성은 오늘날 카락 이다. 이곳은 모압의 성이었고, 왕하 3장에 모압 메사 왕과 이스라엘 연합군의 전쟁역사가 나온다. 이스라엘 연합군은 쉽게 모압을 정복한다. 그러나 모압의 수도인 '길하레셋'만은 점령하지 못했다.

모압 왕은 성이 함락될 위기에 처하자 자기 왕위를 이을 아들을 데려와 성 위에서 번제를 드렸다. 모압의 민족 신은 '그모스'였다. 모압 사람들은 자기 자녀를 '그모스' 신에게 불살라 바침으로써 자신의 서원을 이룰 수 있다고 믿었다. 모압 왕 메사는 이러한 자기 나라 풍습에 따라 '그모스' 우상의 도움을 얻기 위해 맏아들을 번제로 바쳤던 것이다. 이곳은 이사야서(사16:7,11)와 예레미야48장에서 멸망을 기록하고 있다.

지금 이 카락성은 십자군들에 의해 1142년에 천혜의 요새로 구축되었다.

해발 930m 고원에 위치한 이곳은 주변이 높은 언덕과 깊은 계곡들로 형성되어 있어 요새를 이루는 조건을 다 갖추고 있는 듯하다. 이 성의 외곽은 돌로 축성되어 있었고 내부는 굴로 미로같이 연결되어 있었다. 화살을 쏘는 발사 구멍이 일정 간격으로 뚫려있고 안에서는 밖을 잘 볼 수 있으나 밖에서는 안을 볼 수 없다. 낮에도 어두컴컴하고 더운 날에도 성 내부는 시원했다. 카락성은 십자군이 주둔하고 있다가 살라딘 장군에게 빼앗겼다. 당시에 카락성에는 많은 사람이 살고 있었다고 하는데 주로 유목생활을 했지만, 일부는 농업을 하며 살기도 했다고 한다. 해발 930m 고지에 있는 카락성은 지하 7층에서 지상 1층까지 공기구멍을 뚫었고, 물 저장고와 층마다 용도에 맞는 방을 만들었다. 채광은 물론 곡식을 저장하는 창고, 무기고와 내무반, 망루와 초소도 있었다. 이 성의 바로 밑에는 수로로 추정되는 180m의 터널이 있다고 한다. 난공불락이라는 말은 이 성을 두고 하는 말인가 보다. 아주 섬세하고 정밀하게 설계되었다는 느낌을 받았다.

그렇다면 이같이 완벽한 성을 어떻게 빼앗아올까? 궁금해진다. 이유를 알고보니 이슬람의 장군 사라딘은 카락성 성주의 자녀 결혼식 때 경계가 느슨한 틈을 타 자신의 딸이 미인계로 알게 된 군인을 통해 비밀통로를 알아냈다고 한다. 그 비밀통로를 통해 급습했고 성은 점령당했다.

모세의 샘물

카락성을 둘러본 후 점심을 먹고 요르단 최고의 관광지 페트라를 향해 출발했다. 페트라로 가는 도중 출애굽 당시 역사가 서려 있는 모세의 샘물(므리바 샘물)이라 부르는 곳을 가게 되었다. 성지순례객들이 필수적으로 들리는 곳이다. 이 샘은 목이 말라 원망하는 백성들에게 모세가 하나님의 지시대로 순종 하지 않고 지팡이로 반석을 두 번 쳐서 물을 나오게 한 곳이다. 그 결과 하나님의 영광을 가린 곳이기도 하다. 이 사건을 계기로 모세는 이 사건으로 평생 꿈에 그리던 가나안을 바라만 보고 들어가지 못했다. 모세는 이후 느보산에서 죽게 된다.

지금도 이 샘에서는 많은 물이 힘차게 솟아나고 있었고 수천 년 동안 마르지 않고 흐르고 있다고 한다. 우리가 도착한 시각에도 많은 현지인이 물을 퍼 나르고 있었다. 샘 위에는 모세가 쳐서 물을 냈다는 바위가 있었다.

페트라

점심 식사를 하고 얼마 가지 않아 세계 7대 불가사의로 지정된 페트라에 도착했다. 페트라는 아랍계 민족인 '나바테아'인이 건설한 산악도시이다. '나바테아'인은 BC 7세기부터 BC 2세기경까지 시리아와 아라비아반도 등에서 활약한 유목민이다. 이들은 사막 한가운데 있는 붉은 사암 덩어리로 이루어진 거대한 바위산을 깎아 도시를 건설한 후 생활하였다. 이집트 아라비아 페니키아 등의 교차지점에 자리 잡고 있기에 사막의 대상로 즉 '왕의 대로'를 장악하면서 크게 번성하였다. 이곳은 기원전 1400~1200년경 에돔과 모압의 접경지에 자리했으며 구약에서는 '에돔의 셀라(왕하14:7)'라고 지칭한 곳이기도 하다.

페트라는 그리스어로 '바위'를 의미하고, 셀라도 히브리어로 '바위'를 뜻하니 페트라는 '바위의 도시'인 셈이다. 또한, 이곳은 이스라엘 백성이 출애굽하여 가나안으로 향하던 통로였단다. 중동지역에서 가장 유명한 세계적 관광지이지만 기독교 유적지는 아니다.

영화 인디아나 존스(성배를 찾아서,1989)의 촬영장소로 유명해진 이곳은 1985년 세계문화유산으로 등재되었다. 페트라는 세계 7대 불가사의 중 한 곳이다. 불가사의는 말 그대로 '사람의 생각으로 미루어 헤아릴 수 없는 것'을 말한다. 페트라는 불가사의라는 말보다 '신비롭다'라는 말이 어울릴 것이라고 가이드는 말한다. 적절한 표현같다.

페트라를 들어가려면 입구에 있는 관광 마차나 준비되어있는 말을 타고 갈 수 있다. 마차는 돈을 내고 타야 하고 말은 일정 구간 입장권에 포함되어 있으나 과도한 팁을 요구하기에 관광객 대부분 걸어서 들어간다. 입구부터 말분 냄새와 흙먼지가 날리고 있어 세계적인 관광지의 첫인상은 그렇게 좋은 편은 아니었다. 하지만 페트라의 진가를 알게 된 것은 관문인 시크를 지나면서였다. 협소하고 높고 깊은 골짜기를 따라 들어가면 양쪽 옆에 도열하듯 형성된 높은 절벽 틈새로 조성되어있는 '시크'를 따라 내려가니 페트라의 상징, '알카즈네'가 시야에 들어온다.

너비 30m 높이 43m의 이 건물은 엄청난 크기의 사암을 다듬고 파내어 만들었는데 너무 섬세하고 아름다워 숨이 막힐듯한 경이로움을 자아낸다. 페트라에서 가장 완벽하게 보존되어오는 이 건물은 짧은 필설과 표현으로는 다 옮기지 못할 만큼 화려하고 정교하였으며 붉은 사암이 주는 신비로움에 우리 일행은 쉽게 발걸음을 옮기지 못한다.

'알카즈네'를 지나 도시로 내려가면 사암을 파서 만든 동굴 집, 상수도 시설, 열 주의 거리와 음악당, 목욕탕, 무덤, 알데이르사원, 등 많은 건물과 유적이 있었지만 우리는 적당한 곳에서 되돌아왔다.

높고 가파른 협곡에 묻힌 채 긴 세월 동안 잊힌 고대도시 페트라는 1812년 부르크하르테에 의해 발견되었다고 한다. 페루의 마추픽추가 공중 위의 도시라면 페트라는 바위 속의 도시란다. 이 붉은 사암의 바위 도시는 빛의 각도에 따라 수시로 변화는 바위 색이 마치 생명체를 가진듯한 느낌을 준다.

요단강 세례터

순례 마지막 날이다. 첫 방문지는 요단강변 예수님 세례 터이다. 세례 터는 사해 북단 바로 뒤쪽의 요단강 동편 베다니라는 주장과 갈릴리 호수 남쪽 '야르테니트'라는 주장이 대립하고 있다고 한다. 지금은 요단강을 경계로 동·서로 이스라엘과 요르단 두 나라로 갈라져 있어 국경선 군사 지역이지만 비무장지대라 개인차량은 들어갈 수 없고 매표소에서 표를 구입한 후 셔틀버스로 이동한다.

신약성경에는 베다니라는 지명이 두 곳 나온다. 한 곳은 감람산 기슭에 위치한 나사로를 살리신 마을 베다니(요11장)이고 다른 한 곳은 요단강 동편 지역에 위치한 예수께서 세례를 받으신 베다니다.

우리가 가본 요르단 베다니 세례 터는 로마교황청에서 공식 지정한 요르단 5대 성지 순례지의 하나라고 했다. 헬몬 산에서 발원한 물은 요단강을 거쳐 갈릴리 호수로 유입되는데 헬몬 산에서 갈릴리까지를 상부 요단강, 갈릴리 호수에서 사해 바다까지를 하부 요단강이라 부른단다. 요단강은 예수님의 사역 초기부터 중요한 의미를 지닌 이스라엘 강이다.

모든 문명은 큰 강을 중심으로 발전한 것에 비해 이스라엘은 그렇게 큰 강이 없다. 그럼에도 이스라엘 강들은 역사에 크고 작은 사건들이 일어난 배경을 제공해주고 있다. 강이라 해서 우리나라 강을 연상했던 우리는 작은 천에 불과한 요단강을 보고 강이라 하기엔 좀 그렇다고 한마디씩 한다.

느보산

해발 800m가 넘는 느보 산에 올라가는 길은 생각보다 가파르고 험했다. 꼬불꼬불 한 산길로 올라가는 길 옆은 베두인들의 천막과 양들이 보였다. 성경 속 모세가 이스라엘 백성을 이끌고 출애굽 한 지 40년 만에 도착한 곳이기도 하고, '높다' '고지'라는 뜻을 가진 요단강 서쪽 여리고 맞은편에 위치한 아바림 산맥의 최고봉이기도 하다(신32:49). 이 산은 3개의 중요한 봉우리로 이루어져 있는데 가장 높은 봉우리는 '니바'로 불리는 높이 835m이고 두 번째가 790m의 '무카야트' 세 번째가 710m의 '시야가'인데 모세가 가나안땅을 바라보았다는 봉우리가 이 곳이라는 게 일반적인 통설이란다. 실제로 시야가는 가나안 땅을 바라보기에 가장 전망이 좋은 곳이라 사해와 쿰란, 여리고와 요단강, 유대 사막 등 모든 지역을 훤히 바라다볼 수 있었다. 특히 우리가 찾은 오늘은 날씨가 아주 좋아 정상에서 수십 km는 족히 보이는 것 같았다. 일 년에 이렇게 좋은 날씨와 시야는 며칠이 안 된다고 했다.

사해 호수 북쪽과 여리고가 멀리 보인다. 여리고 까지는 27km이다. 모세는 산 아래 펼쳐진 넓은 모압 평지에서 느보 산(신34:1)으로 올라왔다. 그러나 모세는 가나안 땅이 지척이었지만 들어가지 못하고 120세의 나이로 이곳에서 죽었다.(민27:12-14, 신32:48-52, 34:1-8) 정상에는 많은 순례자로 북적였다. 여리고가 보이는 곳에는 구리 뱀을 매단 높은 장대가 서 있었다.

정상에는 4세기에 세워진 작은 교회와 5세기에 세워진 큰 모세 기념교회가 있었는데 거기에는 532년에 제작되었다는 모자이크가 장식되어 있었다.

이제 우리에게 주어진 시간을 다 보냈다. 참 많은 곳을 다녔고 많은 것을 보고 들었다. 성경에 나오는 지형도 출애굽에서부터 예수님에 관련된 사건도 역사도 많이 접했다. 그동안 예수님의 발자취를 따라가 보며 그분의 숨결도 느꼈다. 비록 무더위가 지치게 하고 먹는 것도 입에 맞지 않지만, 주님이 태어나 자라시고 하늘나라를 선포하시고 이적을 행하시고 병자를 고치시던 곳을 확인하고 그분의 흔적을 더듬어 본 시간은 우리에게 영원히 잊지 못할 추억이요 기쁨이었다.

느보산 정상의 구리뱀 ▶

제2장

2

사도바울의 숨결과
흔적을 찾아

터키

그리스

이탈리아

1. 터키

갑바도기아

2014년 9월 5일 전날 늦게 이스탄불공항에 도착했다. 공항 옆 호텔에서 1박을 하고 갑바도기아로 이동한 우리는 점심을 먹기 위해 동굴식당으로 갔다. 갑바도기아에는 동굴호텔과 동굴식당이 많다고 하는데 아쉽게도 동굴호텔은 이용해보지 못했다. 하지만 동굴식당에서 점심으로 맛있는 케밥을 먹었다. 식당은 넓고 깨끗했으며 편의시설도 잘 되어 있었고 독특한 음식 맛 또한 일품이었다.

식사 후 본격적인 순례 여정에 돌입했다. 이번 순례 여정은 소아시아 지역 바울 사도 전도여정을 따라가는 길이기에 1차 때와는 또다른 느낌과 감동이 있을 것 같다. 바울 사도는 기독교 역사상 최초의 선교사이며 복음 전도자였다. 그로 인해 유럽 선교의 장이 열렸다. 지금처럼 좋은 길이나 자동차, 선박, 항공이 있던 시절도 아니었고 더군다나 병약한 몸을 이끌고 목숨도 아끼지 아니하고 전하고자 했던 그 복음의 가치를 다시 새기고 싶다. 바울 사도의 여정을 따라 걸어보고 그곳의 환경을 체험해보면 적당히 안주해가는 우리 믿음의 현실을 변화시켜 볼 수 있지 않을까. 그래서 더욱 그분의 체취를 느껴 보고자 한다.

제일 먼저 간 곳은 비둘기 계곡(우치히사르)이다. 수도 앙카라에서 남쪽으로 300km 가량 떨어져있다. 사전에 나름대로 정보를 많이 접했기 때문에 그렇게 생소하지 않으리라고 생각했지만 아니었다. 과연 이것이 지구의 자연풍경이란 말인가? 갑바도기아를 찾아온 많은 사람이 이구동성으로 하는 말이란다. 이곳 바위들은 만화 속 스머프 하우스를 그대로 옮겨 놓은 듯한 기묘한 형상을 하고 있었다. 넓은 계곡이 마치 거대한 버섯을 세워 놓은 것 같기도 하고 고깔모자를 씌워 놓은 것 같기도 한 기암괴석들로 가득했다.

이곳은 수만 년 전 인근 에르제스 산의 화산 폭발로 분출된 용암과 화산재가 쌓였다가 오랜 세월을 거치며 비바람에 침식되어 버섯 모양, 도토리 모양 등 지금의 기묘한 형태가 형성되었다고 한다. 모두가 동심으로 돌아가 사진도 찍고 굴속으로 들어가 보기도 하며 자연이 빚은 풍광에 동화되어 즐거운 시간을 보냈다. 아쉬웠던 것은 이른 아침에 열기구를 타고 주변 경관을 한눈에 볼 수 있는 관광코스가 있는데 시간이 맞지 않아 이용해 보지 못했다는 점이다.

괴레메 계곡

괴레메 계곡은 동굴 교회와 수도원 유적지이다. 옛날 수도사들의 은신처로 쓰인 동굴 교회는 비잔틴 제국에 속해 있어서 당시의 문화유산이 곳곳에 남아 있다. '보이지 않는 곳'이란 뜻을 가진 괴레메는 높이 30m나 되는 기암괴석에 동굴을 파고 주거지, 교회, 수도원으로 사용했다. 이 곳은 2000년 동안 기독교인들에게 믿음을 지키기 위한 삶의 거처였다. 이에 1985년 유네스코는 갑바도기아와 괴레메 전 지역을 세계 문화유산으로 지정해 관리하고 있다.

약 10km에 이르는 계곡을 따라 동굴 교회가 형성되어 있는데, 흩어져 있지만 좁은 통로로 이어져 있고 지하 도시가 형성되어 있다. 이 시기에는 많은 주민이 살았으며 지하 교회만도 100개가 넘었다고 한다. 일찍이 기독교가 전파된 '아나톨리아' 지역 중에서도 갑바도기아는 외딴 지역으로 박해를 피해 이주해 온 성도들이 모이면서 이 같은 거대한 지하 도시가 형성되었다. 동굴에는 비잔틴 예술의 극치를 이루었던 성화들과 동굴 교회를 장식했던 많은 벽화가 남아있어 우리에게 많은 감동을 주었다.

▲ 괴레메 계곡 (동굴교회)

데린쿠유

　데린쿠유에 도착했다. 마을 변두리에 조그마한 건물이 있었는데 우리는 그 건물 밑 작은 통로를 따라 들어갔다. 동굴로 연결되었다. 들어가면 들어갈수록 마치 빨려 들어가는 것처럼 더욱더 깊숙이 내려간다. 데린쿠유는 지하 85m 깊이에 8층 규모의 구조로, 미로처럼 연결되어있다. 그래서 잘못 들어가면 길을 잃을 수도 있다. 그래서 개방된 곳만 가이드를 따라 관람할 수 있다. 계단을 따라 내려갈 때마다 주거지로 사용하던 방과 부엌, 십자가 모양의 교회, 곡식 저장소, 환풍을 위한 공기통, 동물을 키우던 우리, 세례식을 하던 밀실까지 완벽한 도시 기능을 갖추고 있었다.

　'깊은 우물'이라는 뜻의 데린쿠유는 기독교인들이 이슬람으로부터 탄압을 피해 만들어진 지하 도시이다. 1960년 아이가 구멍에 닭을 빠뜨려 그 닭을 찾던 중 발견되었다고 한다. 1965년에 일반인에게 공개되어 아직도 발굴 중이라는데 그때 이 지하 도시의 인구는 대략 25,000~30,000명 정도일 것으로 추정한단다.

예수를 믿는다는 이유 하나만으로 박해를 당하고 두려움과 공포에 떨었던 그들은 발각되면 목숨을 잃었기에 믿음을 지키기 위해 지하 동굴을 택했다. 313년 밀라노칙령에 의해 기독교가 공인되기 전까지 수많은 기독교인은 지하 도시를 만들어 숨어 산 이유다. 거기서 몇백 년을 살며 믿음을 지켜냈다. 누구보다 편안하고 자유롭게 신앙생활을 하는 우리들, 불만과 불평, 겸손보다는 자기 의를 드러내려는 현실의 믿음 생활들, 이곳을 거울로 삼아 지금의 내 믿음의 모습을 비춰본다. 부끄럽고 민망하다.

여행 3일째 날이다. 베라 호텔을 나선 우리는 안탈리야를 향해 출발했다. 5시간 이상 소요된다는 말에 걱정이 앞선다. 나이가 많은 일행들이기에 혹시 체력이 바닥나 순례 일정에 차질이나 생기지 않을까 해서다. 터키는 화장실이 유로이기에 공짜로 볼일을 볼 수 있으면 어디라도 세워서 해결하고 가는 게 좋다. 2시간 정도 가다가 동네 대형마트 정도의 꽤 규모 있는 상점에 들렀다. 휴식도 취하고 공짜로 화장실도 이용했다. 각종 옷가지와 견과류, 과일 등을 다양하게 팔았는데 성경에 나오는 쥐엄 열매도 있었다. 탕자가 배가 고파 먹었다는 그 열매는 우리나라 대두, 콩같이 생겼는데 까만 색깔을 띠고 있었다.

두어 시간을 더 가서 도착한 곳은 맑은 물이 많이 흐르는 재법 넓은 강가의 어느 운치 있는 멋진 식당이다. 울창한 숲 사이로 도도히 흐르는 강물을 배경 삼아 이국에서의 점심 식사는 잠깐 이나마 쌓인 피로를 풀어주는 청량감을 맛본 시간이었다.

쥐엄열매 ▶

점심 후부터 진정한 고대 투어가 시작되었다. 식당에서 조금을 이동하여 지금도 오페라를 공연한다는 웅장한 원형극장과 페르게, 아스펜도스를 둘러보았다. 한낮 텅 빈 원형극장의 객석에 앉아 그때의 웅장하고 화려한 공연의 울림을 상상해봤다. 모든 객석이 중앙을 향해 있으므로 어느 곳에서나 세미한 음률을 똑같이 느꼈으리라 생각한다. 원형극장에서 조금을 이동하면 이슬람의 침입을 받은 후 폐허가 되어버려 지금은 돌덩어리만 남아 있는 아스펜도스의 아고라 광장과 타원형의 마차경기장, 목욕탕, 신전 등이 있었다. 이것들을 지탱했던 무수한 돌기둥이 이 도시의 융성했던 시절을 대변하는 듯했다.

아고라 광장 ▼

안탈리야

안탈리야는 지중해를 대표하는 휴양도시이다. 처음 여행사를 선정하고 준비할 때, 성지순례 여행이라고 해서 소아시아 일곱 교회를 중심으로 하는 순례 여행만이 아니라 시간은 물론 여행경비도 만만찮으므로 중간중간에 좋은 관광도 했으면 좋겠다는 게 우리의 생각이었다. 그래서 추가된 곳이 안탈리야와 케코바 그리고 소렌토, 나폴리, 폼페이였다.

안탈리야는 휴양도시이며 기원전 159년 페르가몬 왕국의 아탈로스 2세가 건설한 도시였고, 그리스 로마 시대에 팜필리아로 불렀단다. 안탈리야 항구는 아름다웠고 고풍의 멋을 지닌 항구였다. 아이스크림을 먹으며 항구를 따라 걷는 우리는 20대 청년의 낭만을 맛보게 한다. 우리는 그저 스치듯 지나가는 여행자일 뿐이지만 이곳이 옛 팜필리아 제일의 항구도시였음을 느낄 수 있었다. 안탈리야 구시가지인 '칼레이치'로 가는 길은 우리를 멈춰 세웠다. 바로 이 골목길이 안탈리아의 진짜 모습이구나! 하고 느껴졌기 때문이다. 분위기 있는 노천카페와 오래된 목조 건물들인 전통가옥을 개조한 숙소는 골목을 따라 쭉 붙어 있었다. 수영장을 포함 아기자기하고 멋스럽게 꾸며 놓아 걸어가는 내내 도보여행의 묘미를 느낄 수 있었다. 구시가지 끝에는 하드리누스의 문이 버티고 서 있었다.

하드리누스의 문

하드리누스는 로마 시대의 황제이다. 그가 안탈리야를 시찰한 기념으로 이 문이 만들어졌는데 이 문을 기점으로 안탈리야의 구시가지와 신시가지가 구분된다고 한다. 하드리아누스의 문은 헬레니즘 시대의 건축양식으로 2200년이 넘게 이곳에 자리하고 있다고 한다.

하드리누스의 문을 마지막으로 오늘 순례는 다 마쳤다. 조금을 걸어가니 우리가 묵을 '링 호텔'이 나왔다. 시내 중심가라서 비싸다는 호텔이 오래되어서 그런지 시설 면에선 이번 여행 중 제일 좋지 않았다. 하지만 다행인 것은 시내 중심가라서 저녁을 먹고 시내 구경과 쇼핑을 할 수 있다는 점이다. 종류도 다양하고 품질과 가격도 괜찮아 필요한 것들을 구입했다. 치안이 불안한 중동이나 동남아 지역에서는 꿈도 꾸지 못한 일들이다. 아무튼 또 하나의 추억을 간직하게 되었던 시간이다.

케코바

호텔에서 아침 식사를 하고 케코바로 이동한다. 버스로 4~5시간 소요되는 지루한 여행이다. 보통의 패키지 성지순례는 이 코스가 없지만 우리의 요구로 여행 일정에 넣었기 때문에 불만은 없다. 지루하고 답답한 버스 여행에 일행 대부분은 지쳐 잠들었다. 기원전 2세기경 비잔틴 문명을 꽃피웠던 시절 케코바는 번성한 문명도시였지만 지진으로 인해 바닷속으로 잠겨 버렸다. 유람선을 타고 섬 근처로 가면 바닷속에 가라앉은 항아리와 섬으로 이어지는 계단, 목욕탕, 골목길 등 그 시대의 흔적을 그대로 살펴볼 수 있다. 간혹 수면 아래에 십자가가 보이는데 바로 당시의 묘지이다. 우리는 긴 버스여행 끝에 눈부신 지중해의 에메랄드빛 바다를 품은 '카쉬' 항구에 도착했다.

유람선을 타기 위해 항구로 가는 길목엔 갖가지 아름다운 꽃들이 만발해 있었다. 잊어버린 도시 케코바로 가는 뱃길 좌측으로 오스만제국이 세운 성채와 그림처럼 펼쳐지는 아기자기한 케코바 섬이 한눈에 들어온다. 보통의 관광객들은 케코바 섬에 잠깐 내려 그림처럼 펼쳐지는 지중해의 풍광을 즐긴다는데 우리 패키지 팀은 그냥 통과다. 너무 아쉽다. 좀 더 사전조사를 했더라면 하는 후회도 했다. 우리는 유람선을 타고 케코바의 섬 주위를 둘러보앉다. 폼페이를 생각나게 한다. 폼페이는 화산재로 덮였기에 발굴이라도 되지만 이 도시는 수중으로 가라앉아 발굴도 안 되니 안타깝다. 옛 마을의 흔적인 돌계단이 물과 밖의 경계를 나타낸다. 곳곳에 마을의 잔해들이 남아 있어 바닷속으로 연결되어 있었다.

계단과 골목길이 물속으로 이어진 것을 볼 때에는 왠지 마음이 섬뜩하고 숙연해진다. 슬픈 역사의 현장인데 주변의 경치는 정말 아름답다. 우리는 타이타닉 영화의 주인공 레오나르도 디카프리오와 케이트 윈슬렛이 취했던 포즈로 사진도 찍고 다른 외국 관광객들이 옆을 지날 때면 손을 흔들며 함성도 질렀다.

여행은 목적지에 닿아야 행복해지는 것이 아니라 여행의 과정에서 행복을 느끼는 것이 아닐까? 비록 케코바 섬에는 내리지 못했고 물속에 뛰어들어 수중도시를 확인하지는 못했지만, 그 과정이 행복하고 즐거웠기에 만족한다. 그래서 다음 여행도 꿈꾸는 것일 것이다. 케코바 관광을 마친 우리는 소아시아 7대 교회 중 하나인 '라오디기아'교회로 간다.

라오디기아 교회

[14] 라오디기아 교회의 사자에게 편지하라 아멘이시오 충성되고 참된 증인이시오 하나님의 창조의 근본이신 이가 이르시되 [15]내가 네 행위를 아노니 네가 차지도 아니하고 뜨겁지도 아니하도다. 네가 차든지 뜨겁든지 하기를 원하노라 [16]네가 이같이 미지근하여 뜨겁지도 아니하고 차지도 아니하니 내 입에서 너를 토하여 버리리라 [17]네가 말하기를 나는 부자라 부요하여 부족한 것이 없다 하나 네 곤고한 것과 가련한 것과 가난한 것과 눈먼 것과 벌거벗은 것을 알지 못하는 도다. [18]내가 너를 권하노니 내게서 불로 연단한 금을 사서 부요하게 하고 흰옷을 사서 입어 벌거벗은 수치를 보이지 않게 하고 안약을 사서 눈에 발라보게 하라. [19]무릇 내가 사랑하는 자를 책망하여 징계하노니 그러므로 네가 열심을 내라 회개하라 [20]볼지어다 내가 문밖에 서서 두드리노니 누구든지 내 음성을 듣고 문을 열면 내가 그에게로 들어가 그

와 더불어 먹고 그는 나와 더불어 먹으리라 21)이기는 그에게는 내가 내 보좌에 함께 앉게 하여 주기를 내가 이기고 아버지 보좌에 함께 앉은 것과 같이 하리라 22)귀 있는 자는 성령이 교회들에게 하시는 말씀을 들을지어다(계 3:14~22)

'백성의 정의'라는 뜻을 가진 라오디게아는 데니즐리와 파묵칼레 사이에 위치하고 있다. 라오디게아의 복음은 에베소에서 바울이 사역할 당시에 전해진 것으로 알려져 있다. 교회는 바울의 제자이며 골로새에 있던 에바브라가 개척한 것으로 라오디게아의 눔바의 도움을 많이 받았다고 알려져 있다.

너희(골로새교회)에서 온 에바브라가 너희에게 문안하니…… 그(에바브라)가 너희와 라오디게아에 있는 자들과 히에라볼리에 있는 자들에 있는 자들을 위하여 많이 수고한 것을 내가 증거 하노라……라오디게아에 있는 형제들과 눔바와 그 여자의 집에 있는 교회에 문안하고……(골 4:12~15)

라오디게아 교회는 에베소처럼 악한 자들이나 자칭 사도라 하는 자들, 또한 니골라도 없었고 서머나 교회처럼 자칭 유대인이라 하는 자들의 핍박이나 로마 황제의 심한 박해도 별로 없었다고 한다. 또한 버가모나 두아디라처럼 발람과 이세벨의 교훈을 따라 우상의 제물을 먹고 행음하는 일이나 빌라델비아 교회처럼 거짓말하는 자도 없었다. 그런데 사데 교회와 같이 살아 있는 것 같으나 실상은 죽은 교회라고 예수님으로부터 책망을 받았다.

이 교회는 차지도 아니하고 덥지도 않은 미지근한 교회였다. 그 이유는 무엇일까? 라오디게아는 부유한 도시였기에 부족한 게 없었다 한다. 은행가와 무역업자 그리고 많은 부자가 있었고 품질이 좋은 모직은 인기가 높아 돈을 많이 벌었다. 따라서 모든 게 풍족했다. 눈에 보이는 육신의 삶이 풍요했기에 영적인 삶은 곤고했다는 것이다. 세상의 것을 사랑하고 하나님의 것을 사랑하지 않았기에 영적인 축복을 갈급해 하지 않았고 누릴 수도 없었다.

오늘을 살아가는 우리가 새기고 또 새겨 보아야 할 교훈인 것이다. 비록 육적으로는 풍요로워졌지만, 영적인 삶은 점점 메말라 가는 현실이 서구 교회의 전철을 밟아 가는 듯한 한국교회, 이번 순례 여행 중 라오디게아 교회를 보며 다시 한 번 영적인 도전과 각오를 새롭게 해야 하지 않을까 생각해 본다.

무너진 돌무덤 사이로 라오디게아 교회가 복원공사를 하고 있었다. 교회가 복원되는 게 아니라 성지순례 객을 위해 돈벌이 수단으로 복원되는 듯해서 안타깝다. 영적인 문제가 회복되는 복원 사업이 되어 다시 교회 역할을 했으면 하는 간절한 기도를 드려본다. 라오디게아 교회 순례를 마치고 히에라볼리로 갔다. 일정을 약간 바꿔 파묵칼레를 내일 아침에 관광하기로 하고 바로 호텔로 갔다. 우리가 묵은 '편 쓰만' 리조트 호텔은 음식도 좋았고 온천과 수영을 할 수 있는 규모 있고 멋진 호텔이었다.

▲ 라오디게아 교회 복원공사

파묵칼레

파묵칼레는 갑바도기아와 함께 터키를 대표하는 관광지로 자연과 문화유적이 이곳에 있다. 갑바도기아 풍광은 바람과 땅이 만들었다면 이곳 파묵칼레는 물과 땅이 만들어낸 걸작이다. 그리 높지는 않지만 산 하나를 하얀 눈이 쌓인 듯 둘러쌓고 있는 이 온천지역은 자연에 대한 신비감과 경외감을 들게 한다. 수 천 년 동안 지하에서 흘러나온 뜨거운 온천수가 산의 경사면을 따라 내려가면서 지표면에 독특한 모양의 수많은 석회 물웅덩이와 종유석을 만들었다. 온천수에 포함된 미네랄 성분이 지표면을 백색 석회질로 덮어버려 마치 눈이 내린 듯한 아름다운 지형을 만들고 있었다. 파묵칼레 온천 유적지 뒤에는 고대 로마 페르가몬 왕국의 거대한 유적이 산재해있어 볼거리 또한 풍부했다.

아쉬운 것은 세계 문화유산으로 지정되기 전에는 관광객들이 수영복이나 간단한 복장으로 온천욕을 즐겼다는데, 우리는 상부에 형성된 도랑에서 발만 담가보고 온 점이다. 요즘 물 관리 차원에서 내려보내는 양을 조절하는 바람에 석회석으로 형성된 웅덩이 대부분이 말라있어 앙상해 보이는 느낌이다. 한국에서 출발할 때 제일 기대했던 곳 중의 하나인 파묵칼레가 내가 그려 왔던 그림보다는 조금 실망했지만, 호텔에서의 노천 온천욕으로 그나마 아쉬운 마음을 달랬다.

터키는 여행하며 알아 갈수록 매력이 샘솟는 나라가 아닌가 싶다. 유럽과 아시아, 기독교와 이슬람, 고대로 이어진 로마문화와 동양문화, 인류 문화 유적과 신비한 자연유산이 공존하고 있고 로마제국과 오스만 튀르크 제국의 역사와 유적이 있고, 유럽과 아시아가 만나는 접경지대이기에 주요한 역사 무대와 문화의 무대이기도 했던 곳이기에 우리뿐만 아니라 모든 여행자들을 들뜨게 하나보다. 파묵칼레를 둘러본 우리는 다음으로 소아시아 7개 교회 중, 주의 말씀을 인내로 지켰기에 칭찬받은 빌라델비아 교회로 향했다.

빌라델비아 교회

2시간 넘게 버스를 타고 이동했다. 가는 길 양쪽으로 형성된 넓은 포도밭들을 보니 설명이 없어도 아! 이곳은 포도로 유명한 곳이겠구나! 라는 생각이 든다. 곳곳에 말려지는 건포도들은 그 양이 어마어마하다 넓고 광활하게 펼쳐진 포도밭이 버스를 타고 가는 동안 계속 이어진다. 비가 안 오는 곳인지 그냥 밭에서 그물을 깔고 말리고 있었다. 얼마를 달렸는지 조그마한 도시에 아치형의 벽돌 돌탑 2개가 보였다. 이곳이 빌라델비아 교회란다.

(계3:7~13) [7]빌라델비아 교회의 사자에게 편지하라 거룩하고 진실 하사 다윗의 열쇠를 가지신 이 곧 열면 닫을 사람이 없고 닫으면 열 사람이 없는 그가 이르시되 [8]볼지어다 내가 네 앞에 열린 문을 두었으되 능히 닫을 사람이 없으리라 내가 네 행위를 아노니 네가 작은 능력을 가지고서도 내 말을 지키며 내 이름을 배반하지 아니하였도다. [9]보라 사탄의 회당 곧 자칭 유대인이라 하나 그렇지 아니하고 거짓말하는 자들 중에서 몇을 네게 주어 그들로 와서 네 발 앞에 절하게 하고 내가 너를 사랑하는 줄을 알게 하리라 [10]네가 나의 인내의 말씀을 지켰은 즉 내가 또한 너를 지켜 시험의 때를 면하게

하리니 이는 장차 온 세상에 임하여 땅에 거하는 자들을 시험할 때라 [11]내가 속히 오리니 네가 가진 것을 굳게 잡아 아무도 네 면류관을 빼앗지 못하게 하라 [12]이기는 자는 내 하나님 성전에 기둥이 되게 하리니 그가 결코 다시 나가지 아니하리라 내가 하나님의 이름과 하나님의 성 곧 하늘에서 내 하나님께로부터 내려오는 새 예루살렘의 이름과 나의 새 이름을 그이 위에 기록하리라 [13]귀 있는 자는 성령이 교회들에게 하시는 말씀을 들을지어다

사도들이 사역하던 당시 빌라델비아는 전체 인구 1000명 정도의 작은 도시였단다. 주로 목양과 농업에 종사했고 포도농사를 많이 지었다고 한다. 빌라델비아 교회의 자료는 전해지는 게 별로 없고 전해지는 말에 의하면 바울은 친척 누기오(롬16:21)를 빌라델비아 교회 감독으로 임명했고 2세기경 암미아라는 여 선지자가 교회를 섬기면서 큰 부흥이 일어났다고 한다. 현재 이곳에 있는 유일한 교회 유적으로는 비잔틴 시대에 지어진 교회의 두 기둥만이 남아 있었는데 도시 규모보다 교회 규모는 거대했던 것으로 생각된다.

▲ 빌라델비아교회 입구

사데교회

다음으로 간 곳이 사데 교회였다. 빌라델비아 교회 순례 후 가이드가 사준 빵을 먹으며 4~50분 이동하니 푸른 감람나무 밭이 나왔고 그 밭을 지나니 거대한 돌무덤 유적이 보였다. 돌기둥 하나의 둘레가 어마어마하다. 장정 4~5명이 둘러싸도 남을 것 같은 거대한 기둥이다. 아데미 여신의 신전 잔해들이라 한다. 아데미 신전은 알렉산더 대제의 명령으로 BC330년에 건축이 되었다. 가로 세로가 99.2m, 45.7m 78개의 돌기둥으로 된 엄청 큰 신전이었는데 주후 17년에 일어난 지진으로 대부분 파괴되고 현재는 그중 2개(높이 18m)가 우뚝 서 있었다.

그 신전 뒤쪽 나지막한 언덕에 둥근 지붕 형태의 비잔틴 시대의 교회가 비교적 온전한 상태로 남아 있었다. 외부는 장식용 벽돌로 쌓았고 내부는 돌과 흙으로 담을 쌓듯 타원형으로 지어져 있었다. 2m 정도의 철창살로 된 문도 있었는데 언제 것인지는 모르겠으나 상단에 18, 8, 1961이라는 숫자가 적혀있고 시멘트인 점으로 보아 1961년 하버드대학의 하프만 교수가 미국 동양연구소 등의 협력으로 이곳 유적을 발굴했는데 그때 설치된 것 같다.

사데 교회는 아시아 일곱 교회 중 작은 교회에 속하지만 사도 요한은 '사데에 그 옷을 더럽히지 아니한 자 몇 명이 네게 있어 흰옷을 입을 것이요'(계3:4-5)라고 격려 하였다. 당시 로마 시대의 부와 권세를 상징하는 옷은 자주색 옷이었으나 사데의 의인은 흰옷을 약속받았으니 의미심장하다.

사데 교회는 에베소 교회와 같이 뜨겁게 시작했다가 나중에는 흐지부지 죽어가는 교회가 되었다. 사데 교회에 대한 주님의 책망은 바로 죽은 신앙, 사데 교회 성도들의 신앙을 죽게 한 근본적 원인은 돈을 사랑함과 세상을 사랑함에 있었다. 바울 사도는 디모데에게 이점을 경고(딤전6:10-12)했다. 사도 요한도 동일한 진리(요일2:15-17)를 가르쳤다. 오늘을 살아가는 우리가 가슴 깊이 새기어야 할 교훈이다.

(계3:1~6) [1]사데교회의 사자에게 편지하라 하나님의 일곱 영과 일곱별을 가지신이가 이르시되 내가 네 행위를 아노니 네가 살았다 하는 이름은 가졌으나 죽은 자로다 [2]너는 일깨어 그 남은 바 죽게 된 것을 굳건하게 하라 내 하나님 앞에 네 행위의 온전한 것을 찾지 못하였노니 [3]그러므로 네가 어떻게 받았으며 어떻게 들었는지 생각하고 지켜 회개하라 만일 일깨지 아니하면 내가 도둑같이 이르리니 어느 때에 네게 이를는지 네가 알지 못하리라 [4]그러나 사데에 그 옷을 더럽히지 아니한 자 몇 명이 네게 있어 흰옷을 입고 나와 함께 다니리니 그들은 합당한 자인 연고라 [5]이기는 자는 이와 같이 흰

옷을 입을 것이요 내가 그 이름을 생명책에서 결코 지우지 아니하고 그 이름을 내 아버지 앞과 그의 천사들 앞에서 시인하리라[6] 귀 있는 자는 성령이 교회들에게 하시는 말씀을 들을지어다.

사도요한 기념교회

예수님의 열두 제자 중 한 명인 사도 요한, 예수님의 부활 승천 이후 예루살렘에서 추방당한 후 셀축(selcuk)으로 돌아와 예수님의 어머니 마리아를 모시고 살았고 유일하게 순교 당하지 않고 생을 마감한 제자이기도 하다. 이후 사람들은 그의 무덤이 있는 곳에 기념 교회를 세웠다.

▲ 사도 요한의 무덤

버스를 타고 셀축 시내를 통과하니 약간 언덕진 곳에 유적공원이 있었고 돌아들어 가면 성 요한 기념교회 정문이 나온다. 일명 '박해의 문' 교회 건축 당시인 6세기에 박해를 당했던 곳의 자재들을 가져다가 이 문을 건립했다는 데서 부쳐진 이름이다.

사도 요한께서는 이 교회가 있던 '아야솔록' 언덕에서 은둔하며 '요한복음과 요한1.2.3.서'를 기록하였고 자신이 죽으면 이곳에 묻어 달라는 유언을 남기고 향년 95세로 하늘의 부르심을 받았다. 교회 터 앞에 사도 요한의 무덤이 있었다. 네 개의 둥근 기둥이 서 있고 바닥에는 사각의 묘비가 있었다. 거기에는 "ST.JEAN IN MEZARI THE TOMB OF ST JOHN"이라고 쓰여 있다. 우리는 숙연해진 마음으로 기도하고 기념촬영을 한 후 이동했다. 세례 터를 비롯한 주변의 여러 유적지가 지진으로 무너지면서 지금은 폐허로 변해 있어 어느 교회보다 마음이 아파온다. 사도 요한 기념교회 순례를 마친 우리는 인근의 에베소 유적지로 이동했다.

에베소 유적지

에배소 유적지에 진입했다. 주차장 옆에 '누가의 묘'가 있었고 뜻밖에도 한글로 된 안내 표지판도 서 있었다. 안내판에는 "1860년 영국의 고고학자 J.WOOD가 오데이온을 발굴하던 중 귀갓길에 이 건물의 일부인 십자가와 황소 모양이 그려진 비석을 보고 누가의 무덤이었음을 판명하였다"고 쓰여 있었고 이것은 성지 보존회라는 단체에서 세워 놓았다. 여기서부터 시작된 에베소 유적지 탐방은 이번 여행

▲ 누가의 묘

중 가장 많은 시간과 가장 많은 볼거리를 접한 곳이 아닌가 싶다.

대로를 따라 내려가며 많은 것을 보았는데 기억에 남는 건 하드리안 신전, 니케의 부조, 셀수스 도서관, 트리야 누스의우물, 항구로 가는 아르카디아 대로, 화장실, 목욕탕, 크레데스 거리의 모자이크, 대극장, 아데미 신전, 대 아고라 정도이다. 마리아의 집도 있다는데 우리는 보지 못했다.

이곳은 로마 당시 아시아 최대의 도시이다. 동서양을 연결해주는 요충지였고 당시 세계적인 무역도시였다.

'피온산' 기슭의 대극장 옆에는 각국(시리아, 인도, 이집트, 아라비아, 이란, 등)에서 몰려온 상인들이 식료품, 향로, 고급옷감, 금, 은 보석, 도자기, 심지어 노예 판매에 이르기까지 온갖 상품을 거래하는 동양에서 제일 큰 시장이었다. 로마의 집정관 안토니우스가 이집트 여왕 클레오파트라와 결혼한 후 수시로 에베소에 들러 보석과 화장품을 구입했다고 한다. 지금도 이곳에는 상점들이 있어 기념품과 옷가지들을 팔고 있었다.

피온산 기슭의 대극장

쿠사다시

에베소 유적지를 마지막으로 오늘 하루의 일정을 마쳤다. 일정을 마친 우리는 다음 순례지인 쿠사다시로 이동했다. 터키가 우리 한반도의 3.5배 되는 큰 나라이기에 버스를 타고 이동하면 그 거리와 시간이 만만찮다. 몇 시간을 달려 유적지나 교회를 잠깐 둘러보고 또 장시간 이동한다. 마치 병원에서 오랜 시간 대기해 있다가 잠깐 진료받는 그런 느낌이다. 그러다 보니 허리며 다리며 온몸이 불편하고 피곤하다.

이 분위기를 어떻게 반전시켜볼까 고민하다가 저녁에 가이드 몰래 시내 구경과 쇼핑을 나가보자 생각했다. 자유여행이 아닌 패키지여행을 하다 보면 대열을 이탈해 자유롭게 이곳저곳을 기웃거려 보고 싶은 충동을 느낄 때가 있다. 단체로 다니는 낮에는 곤란하지만, 자유시간이 주어지는 저녁에는 가능하다. 걱정이 안 되는 건 아니지만 재미있을 것 같아 추진했다. 모두가 그러자고 했다. 시내 정보와 쇼핑 코스를 알아낸 우리는 저녁을 먹고 시내로 나갔다. 유명 제과점에 들러 선물용 제과와 빵, 그리고 액세서리도 구매했고, 아이스크림을 먹으며 쿠사다시 시내를 거닐며 야경도 즐겼다. 패키지여행에서 이런 시간을 잠깐 가지는 것도 여행의 맛이리라.

두아디라 교회

오늘 첫 순례지가 두아디라 교회다.

(계2:18~29) [18]두아디라 교회의 사자에게 편지하라 그 눈이 불꽃 같고 그 발이 빛난 주석과 같은 하나님의 아들이 이르시되 [19]내가 네 사업과 사랑과 믿음과 섬김과 인내를 아노니 네 나중 행위가 처음 것보다 많도다 [20]그러나 네게 책망할 일이 있노라 자칭 선지자라 하는 여자 이세벨을 네가 용납함이니 그가 내 종들을 가르쳐 꾀어 행음하게 하고 우상의 제물을 먹게 하는도

다. [21)]또 내가 그에게 회개할 기회를 주었으되 자기의 음행을 회개하고자 하지 아니 하는도다. [22)]볼지어다 내가 그를 침상에 던질 터이요 또 그와 더불어 간음하는 자들도 만일 그의 행위를 회개하지 아니하면 큰 환난 가운데에 던지고 [23)]또 내가 사망으로 그의 자녀를 죽이리니 모든 교회가 나는 사람의 뜻과 마음을 살피는 자인 줄 알지라 내가 너희 각 사람의 행위대로 갚아 주리라 [24)]두아디라에 남아 있어 이 교훈을 받지 아니하고 소위 사탄의 깊은 것을 알지 못하는 너희에게 말하노니 다른 짐으로 너희에게 지울 것은 없노라 [25)]다만 너희에게 있는 것을 내가 올때 까지 굳게 잡으라 [26)]이기는 자와 끝까지 내 일을 지키는 그에게 만국을 다스리는 권세를 주리니 [27)]그가 철장을 가지고 그들을 다스려 질그릇 깨뜨리는 것과 같이 하리라 나도 내 아버지께 받은 것이 그러하니라 [28)]내가 또 그에게 새벽 별을 주리라 [29)]귀 있는 자는 성령이 교회들에게 하시는 말씀을 들을 지어다.

두아디라는 버가모와 사데의 중간 지점에 있다. 사데에서 65km 정도 떨어져 있는 두아디라는 '두아의 성읍'이란 뜻이 있고 알렉산더 대왕의 신하 셀레우코스 니카도르 1세가 자기 딸의 이름을 따서 지었다. 딸의 이름이 '두아'였고 성읍이라는 '데이라'의 합성어라고 한다. 우리가 본 두아디라 교회는 주후 600년경에 세워졌는데, 현재는 교회의 석축 기둥 잔해와 담장만 남아 있었다. 별다른 유적이 없어 기념 촬영만 하고 나왔다.

두아디라 사람으로서 처음 예수를 믿은 사람은 빌립보성의 자주색 옷감 장사인 루디아였다. 그녀와 그녀의 가족들은 바울이 말하는 것을 주의 깊게 듣고 모두 세례를 받았다. 루디아는 남편이 없는 과부였을 것이다 주장하는 사람이 많단다. 하나님을 공경하는 자였고 근면 성실하고 정직한 자여서 많은 사람들이 그의 가게를 이용했을 것으로 추측하며 사도들을 잘 대접하여 바울과 실라 디모데 누가 등 그녀의 집에 머물기도 했다고 한다.

버가모

　높이 300m 언덕 위에 세워진 페르가몬을 대표하는 버가모 아크로폴리스, 케이블카를 탑승해 올라가다가 중간에 내려 걸어 올라갔다.

　요새로서 천혜의 환경을 갖춘 버가모는 고대로부터 도시가 형성되었다. BC 332년 알렉산더 대왕이 죽자 그의 충복 4명의 장군이 알렉산더가 정복했던 나라들을 4등분 하여 분할 통치하게 되었다. 그중 '리시마투스' 장군은 버가모가 위치한 지중해와 에게해 연안을 다스리게 된다. '리시마트스' 장군은 일찍부터 버가모의 특성을 이용, 성벽을 건축하는 등 군사기지로 만들었다. '유메네스 2세' 때 전성기를 맞이하면서 각종 신전 기념물 종합의료기관을 세웠고, '앗탈로스 1세' 때 만들어진 도서관은 이집트 알렉산드리아에 이어 세계 두 번째로 많은 장서(20만 권)를 보유하기도 했다. 그러한 버가모도 로마제국 앞에서는 어쩔 수 없어 '앗탈로스 3세' 때 버가모를 로마에 자진 헌납했다.

　로마제국의 버가모는 우상과 황제숭배로 성행한 도시였다. BC29년 '아우구스투스'황제를 숭배하는 처소가 마련된 이래 트라야누스, 아데미, 디오니스, 등의 신전도 건축되었다. 이런 사실로 보아 버가모의 우상숭배 정도가 어느 정도였는지를 짐작하게 한다. 요한 계시록에서 '사탄의 권좌'(계2:13)란 바로 이런 우상숭배와 황제숭배를 염두에 둔 표현이 아닐까!

　걸어서 올라가는 길옆으로 다가오는 거대한 석벽은 이 성의 위용을 자랑하고 중앙 계단을 따라 올라가 본 음악당의 규모는 우리를 주눅이 들게 한다. 제일 높은 곳에 흔적 없이 파괴되고 기둥으로만 남아있는 로마 황제 '트라야누스'를 신격화하기 위해 세워진 트라얀 신전이 옛날의 영화를 초라하게 지키고 서 있다. 마을 옆에 있는 버가모 교회로 이동했다.

버가모 교회

　버가모 교회는 복원이 진행되고 있는 듯했다. 소아시아에 당시로선 신흥 종교였던 그리스도교는 박해를 피해 주로 가정에서 예배를 드리는 가정교회였다. 기독교가 공인된 후 이집트 신 '세라피스 신'을 모시던 신전에 건물 바닥을 높이는 공사를 한 후 버가모 교회로 사용했다. 붉은 벽돌로 지어진 건물이기에 '붉은 교회'라고도 불렀다고 한다. 현재는 무너진 거대한 벽돌건물의 측벽과 바실리카 양식의 붉은 벽돌 기둥들만 남아 있었다.

　(계2:12~17) [12]버가모 교회의 사자에게 편지하라 좌우에 날 선 검을 가지신 이가 이르시되 [13]네가 어디에 사는지를 내가 아노니 거기는 사탄의 권좌가 있는 데라 네가 내 이름을 굳게 잡아서 내 충성된 증인 안디바가 너희 가운데 곧 사탄이 사는 곳에서 죽임을 당할 때에도 나를 믿는 믿음을 저버리

지 아니하였도다 ¹⁴⁾그러나 네게 두어 가지 책망할 것이 있나니 거기 네게 발람의 교훈을 지키는 자들이 있도다 발람이 발락을 가르쳐 이스라엘 자손 앞에 걸림돌을 놓아 우상의 제물을 먹게 하였고 또 행음 하게 하였느니라 ¹⁵⁾이와 같이 네게도 니골라 당의 교훈을 지키는 자들이 있도다 ¹⁶⁾그러므로 회개하라 그리하지 아니하면 내가 네게 속히 가서 내 입의 검으로 그들과 싸우리라 ¹⁷⁾귀 있는 자는 성령이 교회들에게 하시는 말씀을 들을 지어다 이기는 그에게는 내가 감추었던 만나를 주고 또 흰 돌을 줄 터인데 그 돌 위에 새 이름을 기록한 것이 있나니 받는 자 밖에는 그 이름을 알 사람이 없느니라.

차낙칼레

버가모 교회와 아크로폴리스를 둘러본 우리는 바울이 마케도니아 사람의 환상을 본 알렉산드리아 트로이(성경상 드로아 행16:8-11)를 보기 위해 버스로 이동한다. 가이드는 너무 늦어지면 일정상 들리지 않고 지나면서 설명으로 대체하겠다고 양해를 구해왔다. 심신이 매우 피곤한 관계로 빨리 숙소에 갔으면 하는 분위기였기에 거의 대다수가 좋다고 한다. 우리는 항구도시 차낙칼레에 도착했다.

차낙칼레는 트로이 유적지와 연계되어있는 도시로 트로이에서 발굴된 유물이 전시되어있는 박물관이 있고, 트로이 영화에서 사용되었던 거대한 트로이목마가 해변광장에 세워져 있기도 해서 유적과 관광을 동시에 즐길 수 있는 도시다. 호텔에 여장을 풀고 식사 후 이 광장을 산책했다. 해변을 따라 큰 광장이 형성되어 있고 광장 주위에는 술집 찻집 음식점들이 빽빽이 자리하고 있었다. 화려한 네온사인과 더불어 앉을 자리 없이 꽉 찬 관광객들을 볼 때 이곳이 정말 제1차 세계대전의 최대 접전지역이었나 싶다.

터키인들은 이곳에서 벌어진 갈리폴리 전투를 강하게 기억한단다. 갈리폴리 전투는 1차 대전 때 독일과 동맹을 맺고 있던 오스만 제국의 군대와 영국과 프랑스 연합군과의 전투인데 영국 해군장관 윈스턴 처칠과 훗날 터키 초대 대통령이 된 무스타파 케말 장군이 참여했던 전투이다. 이 전투는 '다르다넬스해협'에서의 1차 전투에서 연합군 함대가 많이 격침된 후 차낙칼레 인근 '갈리폴리 반도'에서의 2차 전투까지 양측 모두 25만 명 정도의 사상자를 내고 1916년 1월 연합군이 철수하면서 차낙칼레 전투는 끝이 났다. 연합군과 터키, 독일 병사 1백만 명이 참가하여 50만 명의 전·사상자를 낸 차낙칼레 전투는 끝났지만 갈리폴리반도는 초토화되었다.

당시 오스만 제국의 군대는 군 장비와 무기가 열악해 연합군을 상대하느라 고전했는데 전투 중간에 파견된 오스만제국의 무스타파 케말 대령은 장병들에게 "우리는 살기 위해 싸우는 것이 아니라 죽기 위해 싸워야 한다. 그럴 때 조국은 우리를 기억해 줄 것이다." 라는 연설로 사기를 북돋웠다고 한다. 연합군은 패했다. 처칠은 해군 장관에서 물러났다.

차낙칼레는 항아리라는 뜻의 '차낙'과 요새, 성이라는 '칼레'의 합성어로 15세기에는 오스만제국의 요새로 세워졌고 18세기에는 도자기로 명성을 얻으면서 '차낙칼레'라는 이름을 갖게 되었다고 한다.

▲ 차낙칼레 거리

2. 그리스

네압볼리 교회

　일주일간의 터키 순례를 마치고 오늘은 그리스에 입국한다. 호텔에서 차낙칼레 항구에서 여객선으로 '에게 해'를 건너서 '입살라' 국경에 도착했다. 수속 후 그리스 가이드와 만나 사도바울이 유럽에 첫발을 밟았던 곳에 세워진 네압볼리 교회를 갔다.

　바울이 2차전도 여행 때 드로아에서 환상을 보고 배를 타고 '사모드라게' 섬을 거쳐 도착했던 곳으로, 유럽 전도를 시작한 곳(행16:11-12)이다. 네압볼리는 아름다운 항구도시였다.

해변 언덕 위에 형성된 주거지는 따뜻하고 평온해 보였다. 도시 중앙을 가로지르는 높고 거대한 수로가 인상적인 이 도시는 드로아 항구에서 185km, 빌립보까지는 16km 떨어진 오늘날 그리스 '카발라'라고 하는 지역이다.

이곳에 바울의 도착을 기리는 바울 기념교회가 두 곳 세워져 있는데 우리가 방문한 교회는 항구에서 얼마 떨어지지 않은 곳에 있었고 교회 앞에는 타원형으로 바울의 도착 장면이 벽화로 그려져 있었다.

빌립보

네압볼리 교회를 순례하고 빌립보로 향한다. 새로운 성지에 대한 기대감으로 열심히 창가의 풍광을 즐긴다. 우리가 도착한 곳은 빌립보 유적지 입구에 있는 식당이었다. 이곳에서 늦은 점심을 먹고 도보로 순례를 시작했다.

빌립보가 위치한 곳은 마게도냐 스트림몬 강과 네스토스 강의 경계, 에게해 내륙 약 16km 지점이며 바울과 실라가 2차전도 여행 시 이곳에 첫발을 디디며 유럽 전도의 문을 여는 계기가 된 곳이다. 현재는 '필리비'라고 부른다는데 성경에 있는 '빌립보'라고도 한단다. 5분 정도 걸어가니 규모가 크지 않은 원형극장이 나왔다. 그러나 이곳에서 많은 그리스도인이 처형당하기도 했다는 슬픈 역사를 가진 3,000석 규모의 원형극장이었다.

빌립보를 둘러보는 곳곳에는 찬란하고 웅장했던 문화의 흔적들이 많이 남아있었다. 비록 이제는 돌무더기로 남아 있었지만, 그 규모와 섬세함이 놀랍다. 5세기경에 세워졌던 교회 터 곳곳에는 십자가 문양과 하트 모양의 기둥 받침이 기독교 역사를 보여주고 있었다. 빌립보는 기독교 역사가 많이 서려 있는 중요한 곳이다.

자주색 옷감 장사 루디아를 전도(행16:14)한 곳이다. 또한 바울과 실라가

귀신들린 여 점쟁이에게서 귀신을 쫓아내어 고쳐 주었다가 여종의 주인이 자기의 수입이 없어진 것을 원통히 여겨 군중을 충동해 바울과 실라를 감옥에 가두었다. 감옥에서 기도하고 찬송할 때 지진이 나서 옥문이 열리고 간수가 자결하려 할 때 간수를 전도한 곳(행16:16-34), 그 감옥이 있는 곳도 이곳 빌립보이다.

바울 사도는 이곳에서 네압볼리, 빌립보, 아볼로니아, 데살로니아, 뵈뢰아 등지에 교회를 설립(행17:1-12)했다. 우리는 도로를 중심으로 아크로폴리스 유적과 바울과 실라의 감옥을 보고 도로 아래 아고라와 시장터와 교회가 있었던 곳 등을 순례 했다.

▲ 사도 바울과 실라를 가두었던 감옥

루디아 기념교회

루디아는 바울이 빌립보에서 전도할 때 주님을 믿게 된 사람(행16:13-14)이다. 이곳에는 루디아 기념교회와 루디아가 세례를 받았던 간지데스 강이 있다. 간지데스(Krenides) 강은 그곳 사람들이 강이라고 부르지만, 폭이 넓지 않아 작은 도랑 정도였는데 물은 많이 흘렀다. 바울은 이 강가에서 루디아를 만나 세례를 베풀었다.

교회 내부는 화려한 모자이크로 바울과 실라 그리고 예수님을 잘 표현해 놓고 있었다. 교회주변은 공원같이 잘 가꾸어져 있어 참 아름다웠다. 실크 매점을 거쳐 강가로 갔다. 강가에서 발을 담그고 휴식을 취하며 물로 세례를 주는 퍼포먼스도 가져 보았다.

▼ 간지데스 강

암비볼리 · 아볼로니아

　루디아 기념교회를 둘러본 우리는 데살로니가로 갔다. 원래 일정은 고린도였으나 약간 변경되었다. 가는 도중에 사도 바울이 선교했다는 암비볼리 유적지와 바울이 암비볼리를 떠나 데살로니가로 가는 도중 잠시 들러 설교(행17:1)하였다는 아볼로니아 유적지(설교했다는 바위)를 차에서 내려 잠깐 둘러보고 산 중턱을 넘어 데살로니가에 도착했다.

　데살로니가의 호텔은 이제까지의 호텔과는 품격이 다른 역사와 전통이 있는 유명한 호텔이었다.

마테오라

　오늘 일정은 마테오라 수도원을 순례하는 것밖에 없다. 짐작건대 이동 거리가 멀거나 볼거리가 많거나 둘 중 하나 아니겠는가. 아테네에서 북쪽으로 약 400km 떨어진 '데살리아' 지방에 마테오라 수도원이 있다. '공중에 떠 있는 도시'라는 뜻을 가진 이곳은 그리스 최고의 볼거리였다.

　세계 문화유산으로 지정된 마테오라는 기둥 모양으로 우뚝 솟은 사암으로 이루어진 거대한 바위산 꼭대기에 수도원 건물이 세워져 있었다. 14세기에 처음 세워지고 전성기인 16세기에는 24개의 수도원이 있었다고 하며 속세와 차단하기 위해 올라가는 길 없이 도르래를 이용, 물자는 물론 사람도 이용하였다고 한다. 일행들은 이 신기하고 아름다운 광경을 오래 기억하고 싶어서 차창 넘어 보이는 수도원을 연신 카메라에 담아 두었다. 수도원을 오르며 정신없이 보고, 듣고, 찍고를 거듭했다.

수도원은 비좁은 터 위에 세워졌음에도 수도사들의 개인 기도실, 교회, 휴게실, 작업실(주로 성경 필사) 도서관 등이 있었고 성당 벽에는 제자들의 고난 당함과 순교의 과정들이 그려져 있어 우리의 걸음과 시선을 멈추게 했다. 수도사들의 경건하고 절제된 수도생활상을 가이드를 통하여 들었다. 본질을 잃어버리고 세상과 적당히 타협하며 살아가는 우리의 모습을 되돌아보게 하는 순간이었다. 인간은 사회적 동물이기에 몇 사람만 모여도 그 안에서 서열을 형성하고 권력을 가진 자와 못 가진 자의 암투가 생겨난다. 교계에서도 교세를 내세우고 예산이 얼마인지가 중요하고 학교와 지역이 어디인가가 힘의 균형에서 많이 좌우한다. 정치라는 이름으로 줄을 서기도 하고 세우기도 한다. 재미있는 현실이다. 그것이 예수와 무슨 상관이 있을까?

예수를 믿는 우리는 날마다 수도사들의 삶을 기억했으면 좋겠다. 삶을 냉정하게 분석하고 말씀과 기도생활에 힘쓰고 끊임없이 낮아지고 용서와 화해를 기쁨으로 실천하는 삶, 수도사들이 추구하고자 했던 절제와 연단, 겸손과 무소유 앞에 우리의 욕심과 교만의 모습이 발견되어 졌으면 한다.

고린도

마테오라에서 늦은 점심을 먹고 다음 순례지인 고린도에 밤늦게 도착했다. 우리가 묵은 '카라마키' 호텔은 휴양지 바닷가의 리조트형 호텔로 멋진 해변을 끼고 있었다. 일출 전 호텔 앞 아침 이슬을 잔뜩 머금은 작고 예쁜 몽돌 해수욕장, 야자수 잎으로 엮은 파라솔과 벤치, 아침부터 수영을 즐기는 외국인들이 참 멋있고 아름답다.

오늘 여정은 고린도 유적지를 거쳐 아테네까지 가야 한다. 고린도는 고대 고린도와 현대 고린도로 구분한다. 옛 고린도는 1858년 지진으로 파괴되어 폐허 유적만 남아 있고 옛 고린도에서 북서쪽으로 6km 떨어진 고린트만 기슭에 새로 건설한 도시가 현대 고린도이다. 성경에 기록된 고린도는 고대 고린도를 말한다.

고린도는 기원전 500년경 무역과 상업이 번창했던 인구 30만의 큰 도시였다. BC 146년 로마 '무시우스'로부터 완전히 파괴되었다가 BC 44년에 재건되었고 수차례의 지진으로 또다시 폐허가 되었다. 비너스 신전이 세워지면서 그곳에서 여신들의 음란과 매춘, 그리고 우상숭배가 번성하여 '고린도인'이라고 하면 곧 음행과 방탕의 대명사로 인식될 정도로 퇴폐의 도시가 되어 버렸다. 고린도는 지금 여기저기 흩어진 돌덩이 유적들과 기둥 5개만 덩그러니 자리를 지키며 신전의 옛 모습만이 남아 있었다. 박물관에 들렀는데 박물관 정원에 목이 없는 여신들과 남성들의 조각상만이 가득했다.

우리는 사도바울이 1년 6개월 동안 전도사역을 한 구 고린도 지역을 둘러보았다. '그 후에 바울이 아덴을 떠나 고린도에 이르러 아굴라라 하는 본도에서 난 유대인 한 사람을 만나니 글라우디오가 모든 유대인을 명하여 로마에서 떠나라 한 고로 그가 그 아내 브리스길라와 함께 이달리야로부터 새로 온지라 바울이 그들에게 가매 생업이 같으므로 함께 살며 일을 하니 그 생업은 천막을 만드는 것이더라'(행18:1-3)

기독교적으로는 바울이 전도함에 수많은 훼방과 어려움을 겪은 곳이지만 데살로니가 전후서의 편지를 작성하는 등 바울의 선교적 활동이 활발히 이루어진 곳이고 브리스가와 아굴라의 도움을 받은 곳(행18:1-3, 롬16:3-4)이 바로 이곳 고린도이다.

고린도

고린도 운하

유적지 순례를 마치고 고린도 운하 바로 근처의 식당에서 점심을 먹었다. 날씨도 좋았고 주변 경치 또한 빼어났는데 무엇보다 운하를 가로 지르는 육로가 신기했다. 흔히 우리가 보았던 것은 배가 지날 때 교량의 상판을 들어 배를 통과시키고 일정 시간이 되면 복귀하는 방식 이었는데 이곳의 상판은 배가 지날 때는 수면 아래 있다가 사람이나 차가 지날 때는 수면 위로 올라왔다.

세계 3대 운하(고린도 파나마 수에즈) 중의 하나가 고린도 운하이다. 동쪽의 에게 해와 서쪽의 이오니아 해를 연결하는 이 운하의 길이는 6.2km 폭 25m 수심 8-10m 다리에서 수면까지의 높이 80m로 고대 고린도인들이 계획했으나 기술과 재정 문제로 실패하고 주 후 40년경에는 이집트인들이 침

수 우려를 이유로 반대해 중단되었다가 67년에 로마 네로황제가 수천 명의 죄수를 동원하면서 시도했지만, 또 실패했다. 19세기 말에야 완성되었는데 1881~1893년까지 12년에 걸쳐 프랑스 기술진에 의해 완공되었다 한다.

겐그리아 항구

고린도 운하의 관광을 마친 우리는 아테네로 이동했다. 이동 중에 겐그리아 항구를 차창으로 조망했다. 천혜의 조건을 가진 아늑하고 아름다운 항구였다. 겐그리아에 대한 성경 기록은 이러하다.

(롬16:1-2) [1]내가 겐그리아 교회의 일꾼으로 있는 우리자매 뵈뵈를 너희에게 추천하노니 [2]너희는 주 안에서 성도들의 합당한 예절로 그를 영접하고 무엇이든지 그에게 소용되는 바를 도와줄지니 이는 그가 여러 사람과 나의 보호자가 되었음이라. (행18:18)바울은 더 여러 날 머물다가 형제들과 작별하고 배 타고 수리아로 떠나 갈새 브리스길라와 아굴라도 함께하더라. 바울이 일찍이 서원이 있었으므로 겐그레아 에서 머리를 깎았더라.

아테네

아테네는 현 그리스 행정수도이며 수많은 유적과 신화, 신전과 신상이 있는 곳이다. 고대의 지명은 성경에도 나오지만 아덴으로 불리었다. 아덴은 건축과 예술, 문학이 매우 발달해 있었고 정치적, 상업적으로도 매우 중요한 헬라 문화의 중심 도시었다. 아크로폴리스를 가기 위해 복잡한 시내를 거쳐서 간다. 가는 도중 산타그마 광장과 법원을 거쳐 국회의사당 앞의 무명용사 기념비 앞에서 하차, 의장대와 기념촬영도 하고 비둘기 모이도 주며 이국의 맛을 즐기기도 했다.

그 후 바로 아크로폴리스로 갔다. 아크로폴리스란 '높다'는 아크로와 '도시'라는 의미의 폴리스가 합쳐져 '높은 곳에 있는 도시'라는 뜻으로, 아크로폴리스는 기원전 6세기경에 건설되었다고 한다. 높이로 보면 서울의 남산보다 낮지만, 아테네에서는 비교적 높은 언덕 위에 있어서 이런 이름이 지어진 듯하다. 아테네의 아크로폴리스는 동서 약 270m 남북 약 150m이고 서쪽의 입구를 제외하고 다른 세 방향은 가파른 절벽으로 되어있다. 우리는 가이드

▼ 헤르데스 아티쿠스 음악당

를 따라 아크로폴리스 언덕을 올라갔다. 페리콜레스가 여신 아테네를 위해 만들었다는 파르테논 신전이 장엄한 모습을 드러냈다.

입구 우측에는 헤르데스 아티쿠스 음악당이 있었는데 지금도 세계 유명한 오케스트라의 연주가 공연되며 한 번 공연하기 위해 몇 년을 기다리는 경우도 있다고 한다. 우리가 도착했을 때도 어떤 오케스트라인지는 모르지만 몇 시간째 리허설을 하고 있다는데 그 선율의 울림이 우리들의 발걸음을 멈추게 했다.

아크로폴리스 입구에는 기원전 437~432년 사이에 지어진 '프로필라이아'가 있었다. 프로필라이아란 고대 그리스의 문 건축물로 성벽 입구나 아고라 등의 입구를 선전하기 위하여 건축물로 세우는 경우가 있다고 했다.

파르테논 신전

파르테논 신전은 기원전 432년에 건축이 완성된 아테네의 수호신 아테나를 섬기는 아테네 최대 규모의 신전이다. 도리스 양식의 최고봉으로 일컬어지는 파르테논 신전은 힘과 무게를 지닌 웅장함을 자랑하며 2500년 동안 서구 건축의 모델이자 원형이 되어 왔다.

현재는 전반적으로 보수와 복원공사를 하고 있었는데 이는 페르시아 전쟁과 세월이 흐르며 교회, 회교 사원, 무기고 등으로 사용되면서 많은 손상을 입었기 때문이다. 이러한 손상을 보다 못한 유네스코는 세계문화유산 1호로 지정해 보호했고 보수 공사를 진행 중에있다. 이 파르테논 신전을 보기 위해 찾는 관광객의 발걸음은 지금도 끊이지 않고 증가하고 있단다.

▲ 파르테논 신전

아레오바고 언덕

파르테논 신전을 앞에 두고 신전을 올라가는 길 왼쪽으로 조금 가면 야트막한 돌 언덕이 나오는데 이 언덕이 아레오바고 언덕이다. 이 아레오바고 언덕은 기원전 5세기 아테네 황금시대부터 도시의 종교적, 정치적으로 권리를 가진 자들이 재판이나 회의를 하던 장소로 유명한 곳이란다. 113m의 나지막한 언덕이지만 사도 바울이 이곳으로 붙들려 와서 (행17:19-31) 청중을 향하여 하나님에 대한 무지를 지적하며 변론을 하고 예수 그리스도를 증거 했던 장소이다. 바울이 이 언덕에서 설교한 것은 그 당시 새로운 학설이나 사상을 발표할 때도 이곳에서 주로 이루어졌기 때문이라고 한다. 오늘날 아레오바고 언덕을 오르는 계단 옆에 바울의 설교문이 기록된 비문이 있어 순례객들의 발걸음을 멈추게 한다.

이제 그리스 순례는 다 마치고 저녁 비행기로 로마에 간다. 원래 계획은 고린도에서 이탈리아 바라 항으로 크루즈를 이용해서 하룻밤을 묵으며 이동하게 되어 있었는데 크루즈의 객실을 여행사에서 확보하는 데 실패해 비행기를 이용하게 되었다.

아레오바고 언덕

3. 이탈리아

폼페이

나폴리 남동부에 자리 잡고 있는 폼페이는 화산폭발로 엄청난 피해를 보고 소멸한 도시 중 하나다.

서기 79년 8월 24일 정오 이탈리아 남부 나폴리 연안에 우뚝 솟아있는 베수비오 산이 돌연 폭발하는 놀라운 일이 일어났다. 거대한 폭발과 함께 검은 구름이 분출되면서 화산이 분화하기 시작했던 것이다. 화산은 엄청난 양의 화산재와 화산 분출물을 품어 내면서 인근 도시로 쏟아져 내렸다. 하늘에서 비 오듯 쏟아져 내린 엄청난 양의 흙과 돌은 순식간에 폼페이를 뒤덮어 버렸다. 운 좋게 도망쳐 나온 사람도 있었지만, 조금이라도 늦은 사람들은 지상을 뒤덮은 고온가스와 뜨거운 열기에 타죽었다.

이 폭발로 폼페이 인구 약 10%인 2,000명 이상이 도시와 운명을 같이 했다. 당시 로마 황제 티투스는 폼페이 참극에 대해 보고를 받고 곧바로 조치를 지시했지만 피해가 너무 엄청나서 복구 및 재건은 손도 되지 못하고 역사 속으로 사라지고 말았다.

역사 속으로 사라졌던 폼페이가 다시 역사에 등장한 것은 1592년이었다. 폼페이 위를 가로 지르는 운하를 건설하는 과정에서 건물과 회화 작품들이 발견되었던 것이다. 이런 우연한 계기로 폼페이의 소재가 밝혀지게 되었다고 한다.

1748년에 이탈리아를 지배하고 있던 프랑스의 부르봉 왕조가 폼페이에 대한 발굴사업을 시작했으나 발굴은 약탈과 전혀 다를 바 없었다 한다. 아름다운 출토품 대부분은 프랑스 왕궁으로 가져가 버렸기 때문이다. 본격적인 발굴은 1861년 이탈리아가 통일되면서 폼페이의 모습이 확연히 드러났다. 고고학자 주세페 피오렐리를 발굴 대장으로 임명하고 조직적인 발굴을 시작했다. 이렇게 해서 유적에 대한 구획 정리와 수리와 보존이 이루어지게 되었다.

　발굴은 현재도 진행 중으로 도시의 4/5 정도만 모습을 드러낸 상태란다. 타락한 도시에 대한 신의 벌이라고 불리는 폼페이의 최후, 로마의 화려한 문화를 자랑하던 광장과 대규모 호화로운 극장, 상가 그리고 당시 최고의 시설이었던 스타지안 목욕탕과 쾌락의 상징인 사창가 등 모두 화산재에 묻히고 말았다.

1861년 폼페이 발굴현장에서 발굴대장 고고학자 주세페 피오렐리 교수는 도무지 풀리지 않는 수수께끼를 풀고 있었다. 화산재에 뒤덮인 폼페이에서는 건물, 도로, 심지어 작은 그릇까지 잘 보존되어 있는 반면 사람들의 흔적은 찾아볼 수 없었기 때문이다. 그가 발굴한 어느 집에서는 식사 중에 봉변을 당한 듯 음식을 담았던 그릇이 식탁에 그대로 놓여 있었다.

하지만 그 주변에도 사체의 흔적은 아무 데도 없었다.

폼페이 최후의 날에 사람들은 어디로 갔을까? 그런데 발굴이 본궤도에 올랐을 때 마침내 발굴 최대 미스터리를 풀었다. 피오렐리 교수는 용암과 화산재가 식어서 굳어진 발굴 현장의 흙더미 속에서 이상한 형태의 빈 공간들을 발견했다. 이러한 공간은 건물마다 있었다. 피오렐리 교수는 이 의문의 공간에 석고를 부었다. 그리고 석고가 굳은 후에 주변의 흙을 긁어내자 놀라운 형체가 드러났다. 발굴단은 충격에 휩싸였다. 그것이 폼페이 최후의 날에 죽어가는 사람들의 모습이었기 때문이다.

화산 폭발 때 화산재가 희생자들을 완전히 덮었고 오랜 시간의 흐름에 따라 화산재는 굳어서 고유의 형태를 만들었고 동시에 굳은 화산재 내부의 육체는 썩게 되면서 공간이 생긴 것이다.

우리가 이곳을 찾았을 때는 매우 더운 날이었다. 양산이나 창이 큰 모자로 따가운 햇볕을 피해 보려 하지만 이마와 등줄기에선 연신 땀이 줄줄 흐른다. 로마 귀족들의 휴양지였던 이곳, 도시 곳곳의 대로에는 선명한 마차 바퀴 자국이 남아있었는데 마차 차로 옆으로 난 인도는 수많은 사람이 오고 갔을 것이다. 중앙광장 옆 대로를 따라 올라가면 로마 시대의 살아있는 일상을 만날 수 있다. 건물 곳곳에는 남근 형상이 벽면에 돌출되어있다. 이것은 두 가지로 추측한다고 하는데 하나는 사창가 방향을 알려주는 역할을, 또 다른 하나는 부와 행운을 상징하는 것 아니었나 추정한단다.

폼페이는 빈부격차가 매우 큰 도시였다. 부자들은 어마어마한 저택을 지어 생활하면서 매일 향락과 쾌락적인 삶으로 먹고 토하고 먹고 토하고를 반복하며 밤을 지새웠다. 대형식탁에는 산해진미와 술과 여자로 가득했고 그렇게 먹고 즐기다가 사창가나 목욕탕으로 가서 피로를 풀었는데 특히 목욕탕은 웅장한 돔 형식으로 자연채광이 되게 했다. 목욕탕을 이용하는 고객은 신분의 차이나 계층의 구별 없이 모두가 사용했으며 무료였다고 전해진다. 그러던 이곳이 앙상한 가지만 남기고 죽어있는 고목처럼 돌기둥과 돌담만이 관광객들을 맞이하고 있다.

  우리는 지금도 그때의 모습을 잘 알고 있다는 듯이 우뚝 솟아있는 베수비오 산을 배경으로 사진을 남겼다. 광장을 따라 인간 화석들을 모아둔 장소 출토품을 진열해둔 곳, 8천 명을 수용한다는 원형극장 목욕탕 사창가 주거지 각종 유물 등을 돌아본 우리에게 폼페이는 많은 것을 느끼고 생각하게 하는 현장이었다.

나폴리/소렌토

  폼페이 관광을 마친 우리는 나폴리와 소렌토를 향해 출발했다. 이 곳은 동양의 나폴리라 하는 통영항과 실제 나폴리를 한번 비교해 봐야겠다는 개인적 호기심 때문에 많이 기대된 곳이다. 그런데 가이드는 출발할 때부터 기대하지 말라고 한다. 시설도 치안도 매우 열악하고 불안하단다. 지중해에서 가장 아름다운 풍경을 자랑하는 항구 도시임은 틀림없지만, 이탈리아 3대 마피아 세력 중 하나가 이 지역을 장악하고 본거지로 삼아 온갖 흉악범죄의 중심지가 되었고 시설 또한 열악하며 온갖 쓰레기로 지저분한 도시가 되어 버렸다고 한다.

  나폴리에서 얼마 멀지 않는 거리에 소렌토 시가 있었다. 절벽 위의 도시 소렌토는 나폴리 만을 사이에 두고 나폴리와 마주하며 있었다. '돌아오라 소렌토로'라는 민요로 우리에게 더욱 친숙한 이 도시는 로마 제국 시대에 '수렌툼'이라는 휴양지였다고 한다. 우리는 소렌토가 한눈에 내려다보이는 장소에서 소렌토 시내와 아말피 해변의 아름다움과 중세의 도시가 풍기는 멋스러움을 조망만 하고 왔다. 후에 성지순례나 여행 가시는 분들께서는 꼭 시내를 들렀다가 오시라고 조언해 주고 싶다.

로마

일정을 모두 마친 우리는 다시 로마로 올라간다. 내일은 로마 시내를 관광하고 다시 터키 이스탄불로 돌아간다. 이번 여행의 일정은 후반으로 갈수록 보고 싶은 곳이 많이 있어 기대치는 점점 높아져 간다.

늦게 로마에 도착했다. 일행 중 누군가가 이탈리아에 왔으니 본토 피자를 먹어 보자고 했다. 가이드는 숙소에서 얼마 떨어지지 않은 거리에 맛있는 피자집을 소개했다. 호텔에 도착한 우리는 대충 짐을 정리하고 모두 피자 가게로 갔다. 5분 정도의 거리에 꽤 큰 피자 가게가 있었고 야외 테이블까지 손

님으로 북적대고 있었다. 우리는 야외에 자리를 잡고 피자를 주문했다.

우리나라와 다른 점은 개당 얼마에 파는 것이 아니라 다양한 종류의 피자를 무게를 달아 판다는 점이다. 맛과 양을 동시에 해결할 수 있는 합리적인 판매 방식이 아닌가 생각한다. 저녁 식사를 한 터라 많이 먹지는 못했지만 이탈리아의 피자집에서 정통 피자를 먹어 보았다는데 의미를 부여했다. 맛도 좋았고 가격도 저렴했다.

바티칸 박물관

오늘은 일정이 바쁠 거라고 미리 서둘렀다. 바티칸 박물관은 워낙 관광객이 많아 몇 분 사이에 한두 시간 기다리게 되는 것이 부지기수라며 일곱 시부터 서둘렀다.

박물관 입구에 도착했다. 일찍 서두른 덕분에 선두에 자리를 잡을 수 있었다. 기다리는 몇 분 사이 대기 인원은 그 수를 가늠하기 어려울 정도로 많아졌다. 정문을 통과한 후 박물관 입구 검색대를 지나고 달팽이 모양의 나선형 계단을 이용해서 내부로 진입했다. 고대 유물들이 17세기 후반에 바티칸에 소장되기 시작했지만, 박물관이라 하여 독립된 기관이 설립된 것은 18세기 베네딕토 14세때이다.

당시에는 그리스도 고대 박물관 또는 성물 박물관이라고 했단다. 피냐 정원에 있는 거대한 청동 솔방울 분수에서 기념 촬영을 하고 가이드로부터 바티칸의 내력과 소장된 작품들에 관해 설명을 들었다.

박물관 관람이 그 규모만큼이나 복잡하고 관람 시간도 오래 걸리기에 방문한 관광객들은 사전에 피냐 정원에 마련된 자료로 설명을 듣고 입장하게 되어있다.

이곳의 소장품은 역대 교황들이 수집한 것을 중심으로 고대 그리스 미술과 미술사적으로 다양한 시대의 진귀한 작품들이 소장되어 있는데 내부 사진 촬영은 가능하나 플래시 사용은 금지되어 있으며 내부에서의 혼란을 막기 위해 가이드의 육성 안내는 일절 금지하고 수신기를 이용해 설명하도록 한다. 박물관 내부에서는 직원의 지시에 따라 일방통행의 관람만 허용한다.

시스티나 성당

박물관을 나온 우리는 이어지는 시스티나 성당으로 향했다. 1473년에 착공하여 1481년에 완공된 시스티나 성당은 새로운 교황을 선출하기 위해 추기경단의 비밀회의가 열리는 장소로 유명하다. 시스티나 성당의 굴뚝에서 검은 연기가 피어오르면 교황 선출이 진행 중임을 알리는 신호이고, 흰 연기가 피어오르면 교황이 선출되었음을 알리는 신호라는 사실은 우리에게도 널리 알려져 있다. 하지만 이곳이 더 유명한 것은 미켈란젤로가 그린 전설적인 프레스코화가 천정에 그려져 있기 때문이다.

여기서 프레스코화란 어떤 그림을 말할까 궁금해진다. 프레스코는 벽에 그리는 그림이다. 즉, 벽화 기법 가운데 대표적인 것이라고 한다. 회반죽으로 만드는 벽이 프레스코(이탈리어로 축축하고 신선한)한 상태에서 물에 녹인 물감으로 그린 그림을 말한다. 1508년 교황 율리우스 2세의 명을 받은 미켈란젤로는 시스티나 성당의 천장에 프레스코화를 그렸다. 천장화는 직사각형으로 그림 둘레에 테두리 장식까지 완벽한 조화를 이루었다.

천장화의 중앙 부분은 구약성경의 천지창조를 주제로 그린 것으로 '빛과 어둠의 분리, 해와 달의 창조, 땅과 물의 분리, 아담의 창조, 이브의 창조, 원죄와 낙원으로부터의 추방, 노아의 제물, 노아의 대홍수, 술취한 노아'에 이르기까지 9개의 그림으로 구성되어 있고 1512년 이 불후의 명작을 완성했다. 천지창조는 그림에 대한 지식이 없더라도 보는 자체만으로 감탄이 절로 나온다. 높이 20m의 천정에 가로 13m, 세로 40m의 그림을 혼자서 4년의 기간 동안 그렸다. 특히 아담의 창조 그림중 하나님이 팔을 펼쳐 손가락 끝을 맞추며 생명을 불어넣는 이 그림이야말로 불후의 작품으로 시스티나 성당은 몰라도 이 그림을 모르는 사람은 별로 없을 만큼 명작이다.

성 베드로 성당

가이드의 깃발을 따라가다 보니 성 베드로 성당으로 진입했다. 너무 사람들이 많아 일행이 어디에 있는지, 가이드가 어디 있는지도 모르고 수신기로 들려오는 설명만을 들으며 인파에 휩쓸려간다. 그러다가 우리 깃발을 발견하면 그 깃발 아래 모이기를 반복한다.

베드로가 바티칸 언덕에 매장된 후 그곳에 작은 기도처가 세워졌으며 326년에 콘스탄티누스 황제에 의해 다시 건축되었다. 현재의 모습은 1506년 율리어스 2세의 명령으로 새롭게 건축되기 시작하여 1626년 11월 18일 우르비누스 8세에 의해 라틴 십자가형의 건물로 헌당되었다. 이 건축에는 라파엘로, 미켈란젤로, 포르타, 폰타나, 마데르나 등이 그들의 예술적 실력을 발휘하여 오랜 기간의 공사 끝에 완성하게 되었다. 한편 베드로 성당의 건축 시공에 필요한 막대한 공사자금 때문에 교황청에서 면죄부를 팔았고 '종교개혁'이 이루어지는 원인이 되기도 했다.

교회는 폭 115m, 길이 115m, 길이 199m, 둥근 돔 모양의 지붕까지 높이가 119m이다. 교회 내부가 6,000평 이상으로 현존하는 교회 가운데 세계에서 가장 크고 웅장한 건물이다.

▼ 성 베드로 성당 내부

스페인광장 / 트레비분수 / 포로 로마노

박물관과 시스티나 성당, 베드로 대성당을 둘러본 우리는 광장으로 나와 삼삼오오 나름대로 소감을 나누는데 모두 그 웅장함과 화려함에 놀라움을 금치 못하는 표정들이다.

이어 점심을 먹고 시내 투어를 나섰다. 저녁에 비행기로 이스탄불로 가야 하기에 우리에게 관광 시간이 많지 않다. 먼저 간 곳은 스페인광장이다. '로마의 휴일' 영화에서 오드리 헵번이 젤라또 아이스크림을 아름답게 먹었던 스페인 계단(삼위일체 계단)과 그 위로 '트리니타 데이 몬티 교회'(삼위일체 교회)의 종탑이 있는 곳에서 기념촬영을 했다.

하지만 트레비분수는 공사 중이라 분수의 아름다운 배경은 볼 수 없었다. 그래도 '트레비'의 이름 유래를 알 수 있었는데 분수 앞에 있는 광장이 세 갈래 길이 모이는 곳이라서 붙여졌단다. 분수의 물은 '쳐녀의 샘'이라고 불린다는데 이는 전쟁에서 돌아온 목마른 병사에게 한 처녀가 샘이 있는 곳을 알려주었다는 전설에서 유래되었다고 한다. 또한 그 샘을 수원지로 사용하고 있기 때문이다. 이 분수에 동전을 한번 던지면 로마를 다시 방문할 수 있고, 두 번 던지면 사랑이 이루어지며, 세 번 던지면 사랑하는 사람과 이별한다는 이야기가 있어서 많은 사람이 분수에 동전을 던져 넣는다.

이어 베네치아 광장과 콜로세움 사이에 있는 포로 로마노 유적지를 둘러보았다. '포로'라는 뜻은 공공광장이라는 의미로 '포럼'이라는 말의 어원이 되었다 한다. 이곳은 로마의 중심지로서 로마제국의 상업, 정치, 종교 등 모든 기관이 밀접해 있었고 발전과 번영, 쇠퇴와 멸망의 역사적 무대가 되었던 곳이었다. 283년 대화재로 상당 부분 소실되어 현재는 폐허 상태로 시저 신전과 원로원, 개선문을 비롯해 많은 신전의 유적이 남아 있었다.

포로로마노

콜로세움

    로마에서 바티칸시티 다음으로 꼭 보고 싶었던 콜로세움 경기장으로 이동했다. 로마 관광객들의 필수코스인 콜로세움의 원래 이름은 건설자인 베스파시아누스 황제 일족의 명을 딴 '플라비우스 원형극장'이다.

    70년경 베스파시아누스 황제에 의해 건설을 시작해서 80년에 공사가 끝났고, 가로 188m, 세로 156m, 높이 57m, 둘레 527m 규모의 3단 관람석을 가졌다. 당시에 건립된 건축물 가운데 최대 건축물로 5만 명을 수용하는 경기장이다.

    그리스도인의 많은 희생과 학대가 자행되었다고 전해지는 이곳은 그 아픔의 역사만큼이나 슬퍼 보였다. 지금 내부는 많은 손상으로 구조물이 지탱하기 어려울 정도이고 외부도 보수공사와 보완공사로 안전망을 설치해 놓고 있었다. 언제 또 온다는 보장이 없기에 열심히 사진을 남긴 후 개선문 쪽으로 걸어 나왔다.

프랑스 파리의 개선문이 이곳의 개선문을 본떠서 만들었다는데 높이 21m로 당시 전쟁에서 승리한 장군들은 반드시 이 문을 통과해 황제에게 승전을 보고했다고 한다. 하루 만에 바티칸과 로마 시내를 다 본다고 할 땐 조금은 황당했지만 이제 카타콤베와 사도 바울의 순교 교회만 남겨놓고 일정을 모두 소화한 것 같다.

카타콤베

다음 코스인 카타콤베 순례에 나섰다. 수많은 카타콤베 중에 우리가 순례한 카타콤은 '엔트라타' 카타콤베이다. 카타콤은 '움푹 파인곳' 이라는 뜻이며 죽은 사람들을 돌로 된 지하 동굴 속에 매장한 공동묘지를 일컬었으나 16세기 초에 기독교인의 지하묘지가 발견된 후부터 모든 지하 묘지를 이르는 말이 되어 버렸단다.

로마 주변에는 45개소 정도의 카타콤이 발견되었으며 보통 지하10~15m 깊이에 폭 1m 미만 길이 2m 정도의 규격으로 긴 복도를 따라 방을 만들어 시신을 안치했다. 박해를 받던 기독교 신자들은 박해가 심해지면서 사람들의 눈을 피해 이곳을 예배장소로 이용했다.

밖에서 가이드로부터 설명을 들은 후 어두컴컴한 통로를 따라 들어갔다. 미로같이 형성된 통로 벽 사이로 시신을 두었던 방들이 있었고 간혹 넓은 방도 있다. 벽에는 예수님의 벽화와 물고기가 그려져 있는 것으로 보아 그 방에서 생활하며 예배도 드렸는가 보다. 각종 도자기와 식기류도 보인다. 당시 로마 군인들이 수색 차 한번 들어오면 나가는 길을 찾지 못해 굶어 죽는 경우도 있었다고 한다.

사도바울 순교 기념교회

　교회 주위는 울창한 나무숲과 잔디밭으로 잘 꾸며져 있었다. 신혼부부의 웨딩 촬영 장소로도 이용되는지 우리가 도착한 시간에 한 쌍의 예비부부가 웨딩 촬영을 마치고 가는 것을 보았다.

　68년(추정) 네로황제 시절 로마에서 순교한 사도 바울의 참수 터에 세워진 교회가 세 분수 교회이다. 바울의 목을 대리석 기둥으로 된 단두대에서 참수하였을 때 기울어진 지형 탓에 그의 목이 땅에 세 번 튀어 떨어졌는데 그의 목이 닿은 땅에서 즉시 물이 솟아났다 하여 붙여진 이름이라고 한다. 지금도 단두대는 온전히 보존되어 있었고, 떨어져 물이 솟은 자리는 표시가 되어 있었다. 교회 내부에는 바울이 참수당하는 상황을 조형물로 조각해 놓아 그것을 보는 우리의 마음을 숙연하게 했다.

　교회를 들어가는 진입로가 돌로 깔려 있었는데 사도바울이 그 돌길 위를 무릎으로 기어서 사형장으로 갔다고 한다. 우리는 그 돌길 위에서 모두 눈물로 기도한 후 교회를 내려와 디모데후서를 집필했다는 천국의 계단교회를 보았다. 시간의 흐름 속에 무덤덤해져 가는 우리의 믿음이 이번 기회를 통해 새로운 모습으로 회복되길 다짐해본다.

▲ 사도 바울이 무릎으로 기어간 돌길

4. 터키(이스탄불)

돌마바흐체 궁전

　돌마바흐체 궁전은 1842~1853년 사이에 술탄 압돌마지드에 의해 건축되었다. 아시아와 유럽 대륙을 나누는 아름다운 보스프러스 해협을 바라보고 있는 이 건물은 유럽식으로 바로크양식을 충실히 따르고 있는데 프랑스 베르사유 궁전을 모델로 지었다고 한다. '마바흐체'라는 말은 '가득한 정원'이라는 뜻이고 이것은 바다를 간척한 지역에 이 궁전이 세워졌기 때문이란다. 궁전에 처음 들어서면 아름다운 프랑스식 정원이 펼쳐지며 프랑스식 정문을 통과하면 궁전 내부로 들어간다. 총 285개의 방과 43개의 홀, 6개의 터키식 목욕탕이 있고 내부에는 화려한 장식과 전시품들이 당시의 호화로운 생활을 느끼게 해 준다. 전승에 의하면 이 궁전을 지을 때 과중한 공사비 때문에 오스만제국의 몰락을 재촉했다고 한다.

　금 14톤, 은 40톤, 대형 샹들리에 36개, 대형 크리스탈 촛대 58개 등 초호화 궁전으로 화려함의 극치다. 정작 이 궁전을 건축한 압돌마지드는 이 궁에서 얼마 살아보지도 못하고 죽었다 한다.

성 소피아 성당

성 소피아성당은 '하기아 소피아' 혹은 '아야 소피아'라고 불리기도 하는데 '신성한 지혜'를 의미한다고 한다. 이곳은 그리스 정교회 창설의 중심지로 알려졌으며 현재는 박물관으로 사용하고 있다. 로마의 성 베드로 성당이 지어지기 전까지 규모 면에서 세계 최대를 자랑하던 성 소피아성당은 오늘날까지도 비잔틴 건축의 최고 걸작으로 손꼽힌다. 비잔틴 제국시대 때 그리스 도교를 처음으로 공인한 콘스탄티누스 대제가 '새로운 도시의 큰 사원'으로 325년 창건했고, 유스티니아누스 대제 때(632-537) 크게 개축하였는데 오스만제국이 들어서면서 이곳은 회교사원인 모스크로 용도가 바뀐다.

성당을 둘러싸는 미나레트가 세워지고 성당 안에는 회칠로 덮혀 이슬람교 코란의 금문자와 문양들로 채워진다. 이후 근대에 와서 서방과의 협상과 견제 속에 복원이 진행되면서 두꺼운 회칠이 벗겨지고 예수님과 성모마리아를 비롯해 비잔틴 시대의 화려한 흔적들이 드러났지만, 현재는 그 복원 사업도 중단된 상태다. 성당 중앙에 서면 기독교와 이슬람교가 공존하는 기묘한 장면이 연출된다.

그랜드 바자르

　지금까지 주로 유적지나 바울 사도의 선교 사역지를 보았다면 지금 가는 곳은 우리를 위한 곳이다. 지붕이 있는 시장이라는 뜻을 가진 그랜드 바자르는 오스만 제국의 초기부터 형성된 시장이란다. 이스탄불에서 살고 있는 터키인의 삶이 살아 숨 쉬는 곳, 마치 우리나라 동대문이나 평화시장과도 같은 분위기다. 둥근 지붕 밑으로 거미줄처럼 이어져 있어 잘못 들어가면 나오는 길을 못 찾는단다. 18개의 출입구와 4천 개 이상의 상점들이 들어서 있는 이곳은 세계에서 가장 큰 바자르 중 하나로 터키를 방문하는 관광객들에게는 인기가 좋은 관광명소로 손꼽히고 있단다.

　이곳은 정찰제가 아니고 부르는 게 값이기에 흥정은 필수다. 우리도 여기서 필요한 쇼핑을 했다. 여기저기서 흥정의 묘미에 재미있어한다.

제3장

3

종교 개혁지를 가다

영국

프랑스

이탈리아

스위스

오스트리아

체코

독일

1. 영국

　인천공항에서부터 12시간 이상 불편한 좌석에 앉아 지루함에 견디기 힘든 시간을 이겨낸 끝에 런던 히드로 공항에 도착했다. 입국 수속을 마치고 영국 가이드와 만나서 종교 개혁지 순례를 시작한다.

　영국은 유럽대륙 서북쪽에 있는 그레이트 섬(잉글랜드, 스코틀랜드, 웨일즈)과 아일랜드 섬 북쪽의 북아일랜드로 이루어져 있다. 유난히 침략을 많이 받던 원주민들은 덴마크의 작센족에 도움을 청했는데 작센 족의 처지에서 보면 여기가 자기들이 사는 땅보다 좋아 보여 저들과 친한 앵글 족을 끌어들여 세를 넓힌 후 원주민이었던 켈트족을 쫓아낸다. 스코틀랜드, 웨일즈, 아일랜드가 그들이고 따라서 지금도 분쟁이 존재하며 독립주장도 나온다는 것이 가이드의 설명이다.

　영국은 시민혁명을 통해 의회민주주의를 최초로 실시한 나라이며 산업혁명을 일으켜 자본주의를 최초로 발전시킨 나라다. 막강한 함대를 내세워 대영제국을 건설한 나라로 세계사의 주역이라는 자부심이 강한 나라이기도 하다. 유럽공동체(EU)에 속해 있었지만, 자신들만의 노선을 추구하는 나라로 EU를 탈퇴하는 국민투표(브렉시티)를 실시해 탈퇴를 결정한 나라이다.

　그 중심에 런던이 있고 런던은 영국의 수도다. 바다에 들러 쌓인 런던은 비교적 온화한 날씨에 속한다고 한다. 비가 내리고 개기를 자주 하는 날씨의 변덕스러움이 있기는 하지만 영하 10℃ 아래로 내려가거나 영상 32℃ 이상 올라가는 경우는 매우 드물어 여행하기는 좋은 조건이라고 한다. 런던은 전 세계 여행자들의 눈을 매료시킨다. 축복받았다고는 할 수 없는 날씨에도 불구하고 전통과 첨단이 한눈에 뒤섞여 우리 일행을 비롯한 여행객들의 욕심을 충분히 채워 줄 수 있는 도시다. 대영박물관을 비롯해 웨스트민스트 사원, 타워브릿지, 버킹엄 궁전, 빅벤 등 넘치는 볼거리로 여행자들의 마음을 사로잡는다. 호텔로 이동하는 동안 가이드는 영국에 대해 개략적인 설명을 계속한다.

영국이 왜 강한가? 물음을 던지고는 답을 말한다. 영국 귀족은 100% 맏아들에게만 상속한다고 한다. 공작, 백작, 등 명예는 물론이고 재산도 100% 맏아들에게 물려주어 가문을 승계해 지키도록 한다는 것이다. 로마군이 떠나고 나서 많은 전쟁이 있었는데 전쟁이 일어나면 귀족과 왕족의 자녀들은 반드시 선봉에 선다. 영국 군대 편제는 신분이 높을수록 맨 앞에 서서 전투를 지휘한다. 왕족도 예외는 아니어서 왕 승계 1위든 2위든 군대에 가는 것은 당연하고 전쟁이 나면 선봉에서 용감하게 싸운다. 찰스 왕세자와 앤드루 왕자는 포클랜드 전쟁에 참가해 승리했고 윌리엄과 해리는 이라크 전투에 최전방 헬기 조종사로 참여했다. 전쟁에 나간 귀족이나 상류층 자녀들은 승리해 돌아오면 가문의 영광이 되고 전우를 많이 잃고 패배해 돌아오면 한 번 더 기회를 주지만, 그때도 패하여 돌아오면 아버지는 그 아들을 죽이든지 가문에서 제하여 버린다고 한다. 우리나라와 확연히 대조되는 정서다. 조그마한 권력만 있어도 자녀들을 군대에 보내지 않으려고 온갖 수단을 다 동원하는 우리의 현실에 부끄러움을 느끼는 순간이었다. 노블레스 오블리주를 솔선해 실천하는 나라 영국, 많은 것이 기대되는 여행이다.

대영박물관

흐리던 날씨가 금방 화창하게 바뀐다. 영국에서는 이런 날씨가 드물다고 한다. 축복이라 생각이 든다. 순례여행 동안 계속 이런 날씨가 지속하였으면 하는 바람이다. 첫 여행지가 대영박물관이다.

처음에는 자그마한 박물관이었으나 대영제국이 커짐에 따라 쉴 새 없이 들어오는 전리품과 약탈품을 수용하기 위해 점점 규모를 키웠고 1759년 현재 자리에 초대형 박물관이 개장되었다. 정식명칭은 British Museum이기 때문에 영국박물관으로 불러야 맞지만, 동아시아권에서는 대영박물관으로 불리고 있다. 방송에서도 책자에서도 대영박물관으로 불리 우는 경우가 많다. 분명 세계 3대 박물관 (프랑스의 루브르박물관, 바티칸의 바티칸박물관, 영국의 대영박물관)에 속해 있지만 정작 영국유물은 별로 없는 박물관이다. 고대 이집트와 그리스, 중국, 로마 등 여러 나라의 유물들을 약탈하거나 전리품으로 가져와 전시함으로 국제적인 비난을 받지만, 인류 역사에 매우 가치 있고 중요한 유물들을 지금까지 안전하게 보존해왔다는 긍정의 평가도 존재함은 부인할 수 없는 사실이다.

박물관 운영은 정부 지원을 받는 게 아니고 박물관 위원회에서 각계각층 그리고 각국의 기부를 받아 운영한다고 한다. 소장품을 보면 루브르 박물관이 85만여 점 되는데 대영박물관의 소장품은 회화를 빼고도 650만 점이라고 하니 소장규모로 본다면 루브르의 8배나 되는 어마어마한 규모다. 박물관의 외관도 매우 크고 아름다웠다. 입장료는 무료이다. 여행사에서 대여해 주는 수신기로 가이드의 안내를 받으며 돌아보는데 이집트여행 때 카이로 고고학박물관에서 보았던 유물들이 즐비하게 진열되어있어 뒤끝이 씁쓸하다. 우리가 관심을 가진 곳은 제 4 전시관으로 확실히 증명된 것은 아니지만 모세의 이복형제로 추정되는 람세스 2세의 흉상이 있다.

이 전시관에는 고대 이집트 문명 3000년을 증명하는 유물들로 가득 차 있었다. 그중 람세스 2세의 석상은 1799년 나폴레옹의 이집트 원정 시 로제타 마을에서 발굴한 로제타스톤과 함께 귀중한 인류자산으로 손꼽힌다고 한다. 또한, 너무나 잘생기게 조각되어 박물관 내에서 인기가 높단다. 람세스 2세의 가슴 오른편에는 커다란 구멍이 뚫려 있다. 1700년대 후반 나폴레옹의 프랑스 군인들이 이 파라오 석상을 운반하기 위해 구멍을 뚫고 쇠막대기를 끼워 운반을 시도했던 흔적이란다. 고대 이집트에는 가장 뛰어났던 파라오가 세 명이 있는데 투탕카멘과 클레오파트라, 람세스 2세다. 그중에서도 가장 뛰어났던 파라오는 람세스 2세라고 한다.

성경에 나오는 앗시리아 유물들도 많았는데 성문을 통째로 옮겨 전시해놓고 있었다. 앗시리아는 북이스라엘을 정복한 나라다. 설명에 따르면 앗시리아 민족은 인류 역사상 가장 잔인한 민족 중 하나라고 한다. 사람을 죽일 때 산 사람을 가죽을 벗겨 죽일 정도로 잔인해 주변 국가의 두려움의 대상이었다고 한다.

박물관에는 어린 학생들이 많이 찾고 있었는데 단순히 구경하는 것이 아니라 과제물을 정리하는지 땅바닥에 엎드려 무언가 필기하고 유물들의 안내 표지판을 보며 열심히 메모하고 있었다. 학습의 장으로 활용되고 있어 매우 인상적이었다. 아쉬운 점은 예정된 시간 때문에 몇 곳만 둘러보고 나와야 했다는 점이다.

웨슬리 기념교회

런던 시내 여러 곳을 둘러본 후 다음으로 찾은 곳은 감리교 창시자이자 산업혁명시기에 영국 신앙운동에 불을 지핀 웨슬리 목사님이 시무하시던 교회이다. 브리스톨에서 목회를 성공적으로 한 후 런던으로 돌아온 웨슬리 목사님은 시내의 버려진 공장을 사들인 후 수리하여 활동 본거지로 삼았다. 그곳을 파운드리 채플이라 불렀다. 이후 성도들이 증가하면서 1778년 새로운 예배당을 짓고 뉴 채플이라 불렀는데 그곳이 오늘날의 웨슬리 채플이다. 우리가 도착한 때에 마침 예배를 드리는 중이었다. 열다섯 명 전후의 나이 많은 성도들이 대부분 이었다. 예배드리는 동안 우리는 지하로 내려가 상영 중인 웨슬리 목사의 일생을 담은 영상을 본 후 다시 올라와 성전 내부를 둘러보았다. 성전 앞 성찬대 난간은 전 영국 수상이었던 마가렛 대처가 기증했다고 한다. 그녀는 웨슬리 채플에서 결혼했으며 그녀의 자녀들은 이곳에서 세례를 받았다. 성전 전면에는 설교자나 말씀 봉독자 찬송 인도자가 사용했던 설교단이 있었고 그 앞에는 1891년 기증받았다는 세례반이 자리하고 있었다.

이어 우리는 마당 오른쪽에 있는 웨슬리의 집을 방문했다. 웨슬리 목사님은 나이가 들어 예배당 옆에 집을 짓고 여생을 보냈다고 한다. 마지막 11년간 이 집에서 보냈지만 주로 겨울에만 머물렀다. 그 이유는 다른 시기에는 항상 복음을 전하려 다녔기 때문이다. 웨슬리 목사님은 전도하기 위해 50년 동안 지구를 10바퀴 이상 돌아다녔다고 전해진다. 60년 동안 한 번도 쉬지 않고 새벽기도와 설교를 했으며 200권이 넘는 저서와 동생과 만든 수많은 찬송가도 있다. 그 중 1778년에는 좋은 곡만 골라 525곡의 찬송가를 만들기도 했다. 그의 생생한 삶의 흔적이 묻어있는 웨슬리 하우스를 돌아보면서 그가 전하고자 했던 복음과 그리스도를 향한 뜨거운 사랑과 열정을 다시 한 번 새겨 보았다.

지하는 박물관으로 꾸며져 있었는데 웨슬리 목사님과 그의 가족들의 소장품들이나 그와 관련된 물건들이 전시되어 있었다. 1층에는 식당과 초상화 인쇄물과 운동기구, 휴식을 취했던 방과 책상, 의자 등이 있었고 2층에는 서재가 있었는데 이곳에서 집필과 수많은 편지를 썼다고 한다. 이 방에 있는 모든 가구와 물품들은 웨슬리 목사님이 생전에 사용하셨던 것이란다. 뒤쪽에 웨슬리 목사님의 침실이 있는데 이 침상에서 1791년 3월 2일 88세 나이로 숨을 거두며 '세상에서 가장 좋은 것은 하나님이 우리와 함께 하심이다.'라고 유언을 남기셨다. 교회 뒤편에는 웨슬리 목사님의 무덤이 있었다.

웨슬리 기념교회

2. 프랑스

파리

낯선 도시를 여행하다 보면 문득 공간과 대화를 하게 된다는 느낌을 받을 때가 있다. 공간 자체가 우리에게 의미를 주고 상상의 자유를 줄 때 말이다. 말하자면 계획된 대로 에펠탑이나 센느강, 루브르 박물관을 가는 것보다 가고 싶은 곳을 물어 물어 찾아가는 과정에서 낯선 도시의 매력을 제대로 맛보는 쾌감도 있다. 우리 같은 단체 여행객들에게는 해당되지 않는 것이지만 때로는 대열을 이탈해 자유롭게 다녀보고 싶은 유혹을 강하게 느끼게 하는 곳이 이곳 파리가 아닐까!

파리는 세계문명을 이끌어가는 문화발상지인 유럽의 중심이자 길목이다. 긴 세월 동안 발생했던 갖가지 문화의 단면들은 파리 시내 구석구석을 장식하고 있어 도시 전체에서 문화예술의 혼이 느껴지는 곳이다. 거리마다 예술의 흔적이 가득하고 유서 깊은 건물들은 아름다운 풍경과 어우러져 더욱 낭만 있고 운치가 있다. 에펠탑과 개선문, 콩코드광장과 센느강 등 이미 책과 사진을 통해 익숙한 곳을 직접 마주하게 되니 그 감동이 더욱 진하게 다가왔다. 파리 시내를 동·서로 관통하는 센느강에서 유람선을 타고 에펠탑과 노트르담 대성당, 오르세 미술관 등 아름답고 고풍스러운 건물들을 마주하면 즐거움이 느껴진다. 또한 멋스럽고 섬세하게 설치되어있는 교량들이 센느강과 어우러져 그 가치를 더욱 빛나게도 한다. 센느강은 파리시민의 삶 속 마음의 쉼터이고 여행자들에겐 꼭 찾고 싶은 낭만의 장소가 되고 있다.

에펠탑

　영국에서 유로스타를 타고 도버해협을 통과해 파리에 도착했다. 파리에서 첫 여행은 에펠탑으로 시작한다. 청명한 날씨 때문인지 더 높아 보이는 높이 324m 에펠탑의 우아한 실루엣은 파리의 상징이나 마찬가지인 것 같다. 2층 전망대를 오르기 위해 약간은 지루할 수 있는 기다림도 우리 일행들에겐 마냥 즐거운가 보다. 여행의 맛을 즐기는 천진함이 묻어있어 그냥 좋다. 에펠탑 전망대에 올랐다. 아름다운 파리 시내가 한눈에 들어온다. 파리 시내를 관통하며 흐르는 세느강도 보이고 몽마르트르 언덕, 역사의 아픔을 화합으로 승화시켜 보자는 콩코드광장과 이집트의 고대유물 오벨리스크, 아름다운 노트르담 사원, 오르세 미술관 등 프랑스를 대표하는 건축물이 한눈에 들어와 도저히 눈을 뗄 수가 없다. 이번 여행을 처음 계획 할 때 여행사에서 제시한 코스는 에펠탑 조망이었다. 하지만 우리 일행은 2층 전망대를 올라가야 한다고 주장하여 관철 시켰다. 당연한 이야기지만 전망대에 오르는 순간 계획 수정의 보람을 느꼈다.

　에펠탑은 1869년 파리 마르스 광장에 지어진 프랑스를 대표하는 건축물 중의 하나이다. 격자구조로 이루어진 철제 탑이고 파리에서 가장 높은 건축물이다. 매년 수백만 명이 찾을 만큼 유명하며 유료 관광지이다.

　에펠탑은 이 탑을 세운 프랑스 건축가인 에펠(1832-1923)의 이름에서 유래했다. 또한 에펠은 뉴욕에 있는 '자유의 여신상' 골격까지 그가 설계했다고 한다. 이 탑은 1889년 프랑스혁명 100주년 기념 세계박람회의 출입관문으로 설계되었다고 전해지며 탑 높이는 81층 정도의 건물과 같다고 한다.

루브르박물관

다음으로 간 곳이 루브르박물관이다. 바깥에서 보면 높고 커다랗기만 한 루브르박물관이지만 안으로 들어가면 햇살을 받아 반짝이는 유리 피라미드와 피라미드를 둘러싼 웅장하고 아름다운 박물관이 제대로 보인다. 루브르는 프랑스 뿐만 아니라 유럽이 자랑하는 세계적인 문화유산으로서 박물관을 별로 좋아하지 않는 사람이라도 가보면 좋아하실 거라 확신한다.

아름답고 웅장한 건물 외관만으로도 충분한 볼거리를 제공한다. 특히, 세계 최대의 그림을 소장하고 있고 상상을 뛰어넘는 방대한 전시물을 제대로 보려면 3박 4일 정도는 보아야 한단다. 한해 850만 명이 찾는다고 하니 하루 2만 명 정도가 방문하는 셈이 된다.

원래 이 자리는 북쪽에서 침략해오는 이민족들로부터 성을 방어하기 위해 1190년 필립오귀스뜨왕이 지은 요세가 있었다. 16세기 프랑소와 1세에 의해 궁전으로 개축되고 그 후 계속 증·개축을 거듭하면서 프랑스혁명 이후 1793년에 미술관으로, 1981년 미테랑 대통령의 그랜드루브르(Grand Louvre)계획하여 시작된 대대적인 보수 확장공사로 1997년 명실공히 세계 최대 박물관으로 새롭게 태어났다.

중앙에 위치한 유리 피라미드는 1989년 프랑스혁명 200주년을 기념한 공모전에서 중국계 미국인 건축가 아이오 밍페이(Ieoh ming pei)의 아이디어가 당선되어 603장의 유리로 만들어졌다. 화사한 외관이 돋보이는 이 피라미드가 루브르의 또 하나의 명물이 된 것이다. 이로써 고풍스러움과 최첨단의 만남이 색다른 조화를 이루어 그 멋을 더하고 있었다.

가이드의 안내로 박물관 안으로 들어간 우리는 간단한 보안검색대를 거친 후 내부 안내자의 설명을 들으면서 관람했다. 박물관은 방대한 유물과 회화 조각 장식품 등 8개의 전시관으로 나뉘어 전시되어 있다고 했다. 큰 규모에 놀란 우리 일행이지만 익히 알려진 작품 앞에서는 많이 부족한 시간을 아끼지 않았다.

  특히 아프로디테 신전 근방에서 밭을 갈던 농부에 의해 발견되고 프랑스 해군이 입수해 루이 18세에 헌납한 높이 204cm 밀로의 '비너스상'과 모트라케의 '니케상', 그리고 다빈치의 '모나리자' 그림 앞에서는 쉬 발걸음을 옮기지 못했다.

세느강 유람

파리를 가로지르는 세느강은 양쪽으로 늘어선 건축물과 다리가 아름다워 유람선을 타고 돌아보면 파리의 또 다른 매력을 발견할 수 있다. 해지기 전에 탑승해서 야경까지 보는 것이 아름답다. 우리 일행은 예약된 시간을 맞추기 위해 교통체증으로 꿈적도 못하는 버스에서 내려 선착장을 향해 뛰기 시작했다. 평균 나이 60세 이상 된 우리 일행의 유람선 투혼은 가관이 아니었다. 우리의 열정에 선장이 감동해서인지 출발예정시간 3분을 늦춰가며 우리를 기다려주었다. 세느강의 유람선은 다양한 종류가 있었고 운영 회사마다 선착장 위치도 다르기 때문에 어떤 유람선을 탈지 미리 정하고 움직이면 좋다. 우리같이 단체 여행객들에게는 여행사에서 예약되어 있기에 선택의 여지가 없었다.

유람선은 생 루이 섬 위쪽부터 에펠탑 아래까지 한 바퀴 돌아보는 코스가 거의 비슷하며 모두 처음 출발한 곳으로 되돌아온다. 우리일행은 세느강에서 가장 오래되고 유명한 유람선인 '바토 무슈'를 타고 1시간 10분정도를 돌았는데 아름다운 파리 야경과 반짝이는 에펠탑의 조명은 일행의 탄성을 자아내기에 충분했다. 낭만의 파리를 만드는 것은 바로 세느강이라고 어느 여행자의 글에서 읽은 적이 있었다. 그땐 몰랐지만 직접 세느강 좌우로 펼쳐지는 아름다운 경관과 섬세하게 조각된 개성 강한 교량들을 보니 세느강의 가치를 더욱 빛내주고 있는 것 같다. 이제서야 그 느낌이 교감된다. 알렉상드르 3세 다리, 고흐, 밀레, 모네, 피카소, 등 유명 화가들의 작품이 전시되어 있는 오르세 미술관도 보이고 루브르박물관, 파리의 대표 성당 중 하나인 노트르담 대성당도, 파리 시청에 이어 에펠탑 밑 강가에는 한가롭고 여유 있게 낭만을 즐기는 무리들이 눈에 들어온다. 참 아름답고 신선한 밤이었다.

에펠탑에 조명이 들어오기 직전 소낙비가 왔다. 비를 피해 아래층으로 내려와 있는데 에펠탑에 조명이 들어왔다. 환상적인 야경이 아름다웠다. 일행 중 몇몇은 폭우를 맞아가며 사진도 찍었다. 오래 기억될 즐겁고 소중한 밤이었다.

베르사이유 궁전

　베르사유 궁전을 방문했다. 프랑스 혁명 당시 상류층의 사치가 어느 정도 였는지를 알 수 있는 곳이기에 묘한 긴장감이 든다. 이곳은 혁명 당시 군주 였던 루이 16세와 단두대의 이슬로 사라진 그의 왕비 '마리 앙투아네트'가 살았던 곳이다. 당시 '빵이 아니면 죽음을 달라'고 외치던 시민들과는 달리 왕과 귀족들은 호화스러운 생활이 극에 달해 있었다.

　궁전의 정원 넓이만 8.15km², 우리나라 여의도 면적이다. 궁전의 길이는 685m이다. 건축양식도 웅장한 권위를 상징하는 바로크양식의 건물로 지어 졌다. 중앙에 위치한 거울의 방은 17개의 거울로 장식되어 있는데 방 하나 의 길이가 75m, 너비 10.5m, 높이 13m인 화려한 내부 장식으로 꾸며진 호화스러운 방이다. 거울의 방과 맞닿은 '전쟁의 방'에는 전쟁에 나서는 루 이 14세의 모습을 새긴 거대한 조각상이 있는데 말을 타고 적을 물리치는 모습이 새겨져있다. '마리 앙투아네트'의 방은 베르사유 궁에서 가장 인기 있는 장소 중의 하나이다. 방 천장을 장식한 샹들리에와 벽면과 침대를 수놓은 자수는 화려함의 극치를 보여준다.

　이곳에서 루이 14세부터 16세까지의 왕비 들이 기거하였고 19명의 왕자와 공주가 태어났다 고 한다. 베르사유 궁전 정원 내에는 15만 그루나무가 심어져있고 또 운하의 물길을 따라 설치된 분수도 1,000여 개에 달한다고 한다.

　베르사유 궁전을 완성하는 데는 프랑스에서 이름 있는 건축가, 조경사, 예술가들이 동원되었다고 하는데 궁전 건축에 적합하지 않는 늪지대의 토양 을 바꾸고 벽돌과 석재로 건물을 지으면서 엄청난 노동력이 동원되었다. 동원된 노동자들은 하루 14시간씩 고된 노동에 시달렸지만 노동의 대가는 빵 두세 조각 살 수 있는 돈이 전부였다고 하니 궁전의 화려함 뒤에는 그곳에 동원된 사람들의 아픔이 묻어있는 역사가 있다는 게 마음을 무겁게 한다.

　권력층이 누렸던 사치의 결말도 비참했다. 프랑스 혁명으로 변혁의 물결에 휩쓸려 비운의 여인이 된 '마리 앙투아네트' 왕비와 지금의 콩코드광장에서 단두대의 제물이 되었던 루이 16세 이야기는 우리가 깊이 새겨 보아야 할 교훈이다.

▼ 베르사이유 궁전 정원

3. 이탈리아

베네치아

관광 대국 이탈리아에서도 손꼽히는 관광도시 베네치아. 사람들이 물 위에서 살수 없을까! 우주시대가 과학적 상상력을 자극했다면 수상도시는 현실적 한계를 끊임없이 도전하게 하지 않았을까! 도시 곳곳을 가로지르는 물길과 멋과 여유를 한껏 뽐내며 유유자적 떠다니는 배들······. 이곳을 빼고 전 세계 수상도시를 논할 수 있을까.

순례를 떠나기 전, 어떤분은 베네치아는 꼭 보고 와야 한다고 했고 또 다른 어떤 분은 이곳이 너무 좋아 3번이나 갔다 왔노라고 전해줬다. 실제 이곳을 와보니 지인의 말씀이 전혀 과장된 게 아니었구나 싶었다.

운하의 길이만 4km, 뜻을 모르는 광고 간판이나 표지판 때문에 어디로 가야 할지 몰라도 상관없다. 이게 단체관광의 장점이자 매력이다. 선두 뒤를 따르거나 가이드를 따라가며 즐기면 되기 때문이다. 워낙 관광객이 많아 혹 일행을 놓쳤다 해도 관광객 들이 많이 몰리는 곳으로 가보면 반드시 만나게 되어있다.

좁은 수로 사이로 고풍스러운 건물이 조화를 이룬 베네치아는 세계적인 수상 도시라는 명성에 걸맞게 전 세계 관광객들의 발길을 사로잡는다. 여러 개의 섬 위에 조성된 도시라고는 믿기 어려울 정도로 정교하고 아름답다. 미로처럼 연결된 베네치아의 섬은 무려 118개, 그 섬과 섬을 잇는 다리만 해도 400여 개에 이른단다. 섬과 섬 사이 수로는 중요한 교통수단이 되는 독특한 도시 풍경을 연출했다. 물의 도시 수상도시는 어떻게 세워졌을까? 무척이나 궁금하다. 베네치아 만 안쪽 물살이 조용한 석호 위에 거대한 굄목을 박고 흙과 자갈을 덮어 기초를 만든 다음 돌을 쌓아 바닥을 다지고 그 위에 건물을 세운 것이라는 자세한 설명을 들었다. 그러나 토목이나 건축에 문외한인 나는 아직도 물 위 건축물이란 말을 잘 이해 할 수 없지만 아무튼 그렇게 해서 세워졌다고 한다.

베네치아는 북적임 속에서 여유를 찾을 수 있는 곳이다. 오래된 유적이 훼손되지 않고 남아있어 관광지마다 항상 사람들로 발 디딜 틈이 없지만 그 사이사이에 베네치아 특유의 바닷물을 따라 흐르는 유유자적함이 묻어난다. 옛 모습 그대로 간직한 베네치아는 좁은 골목들이 많다. 그 사이로 다양한 작은 상점들이 즐비하게 들어서 있다. 정신없이 이곳저곳 둘러보면 복잡한 골목길에서 길을 잃기 쉽지만 길을 잃더라도 베네치아 옛 길은 여행자들에게 쉼과 여유를 제공한다.

오래된 도시들을 거닐다 보면 수백 년 동안 가업으로 이어져 내려오는 물건들을 만드는 장인들을 만날 수 있다. 베네치아는 종이죽으로 가면을 만드는 장인, 각양각색의 가죽 가방을 만들거나 유리 세공을 하는 장인들이 유리창 너머로 끊임없이 무언가를 만드는 모습을 볼 수

있었다. 특이한 점은 물건으로 가득 찬 좁은 공간에서 관광객의 시선이나 웅성거림에는 상관없이 자신들의 일에만 집중한다.

 자동차가 다니지 않는 베네치아에서는 수상버스 '바포레토'가 주로 이용된다. 베네치아를 반으로 나눠 큰 S자 모양으로 흐르는 대운하는 베네치아 여행의 하이라이트라 할 수 있다. 대운하는 산타루치아 역에서 리알토 다리를 지나 산 마르코 성당 앞까지 이어진다. 넓은 운하를 중심으로 건물 사이 작은 수로가 미로처럼 연결돼 운치를 더한다. 폭이 좁은 수로를 보려면 곤돌라

를 이용하는 것이 좋다. 옵션으로 1회 이용 시 50유로 정도를 지불해야 하며 40분 정도 시간이 소요된다. 곤돌라는 크기가 작아 좁은 수로에 잘 어울리기도 하지만 아름다운 건축물들을 가까이에서 볼 수 있는 효과적인 배다.

고딕 양식으로 지어진 독일 무역거래소를 지나면 리알토 다리가 나타난다. 리알토 다리는 베네치아를 상징한다. 베네치아 역사의 출발점이 바로 리알토 다리 주변에서 시작되었기 때문이란다. 16세기 말 대운하 위에 지어진 첫 번째 다리이면서 아치 모양의 아름다움이 돋보이는 명소중의 명소다.

다리위에는 기념품과 액세서리를 파는 상점이 즐비했다. 배를 타고 보는

다리의 모습이 특히 아름답다. 다리를 지나면 대운하 좌우 측으로 아름다운 건물들이 계속 이어지는데 마치 바다에 떠있는 수상궁전 같았다.

　대운하는 베네치아 중심지인 산 마르코 광장에서 끝난다. 산 마르코 광장은 나폴레옹이 세계에서 가장 아름다운 응접실이라고 칭한 베네치아를 대표하는 명소이다. 산 마르코 대성당과 종탑, 두칼레 궁전, 마르차나 도서관, 정부청사, 쇼핑 아케이드 등으로 둘러싸여 있다. 언제나 관광객들로 붐빈다.

　광장 들어가는 곳에 베네치아를 상징하는 사자상이 우뚝 서있고 우측으로 두칼레 궁전이 위용을 과시한다. 두칼레 궁전은 679년부터 1797년까지 1100년 동안 베네치아를 다스린 총독 관저였다. 9세기 처음 세워진 후 고딕양식과 비잔틴 르네상스 건축양식이 복합되어 있는 건축물이라 인상적이었다. 궁전 재판실과 '탄식의 다리'로 연결된 감옥은 옛날 카사노바가 갇혔던 곳으로 유명하다. 궁전에서 감옥으로 넘어가는 다리를 탄식의 다리라고 부르는 것은 죄수들이 이 다리를 건너면서 한숨을 쉬었기 때문이라고 전해진다. 두칼레 궁전 바로 옆 산 마르코 대성당은 비잔틴건축의 대표적인 양식으로 유명하다. 11세기에서 15세기에 이르기까지 오랜 기간에 걸쳐 완성되었다. 성당에는 '거리의 성인'으로 불리는 산 마르코 유물이 안치되어 있다고 하며 화려한 외관과 함께 정교한 내부 장식도 볼만하다.

　산 마르코광장 정면에 세워진 시계탑은 15세기 르네상스 양식을 따르고 있다. 청동으로 만든 어른과 아이가 치는 종, 날개 달린 사자, 마리아와 예수님 상 등은 우리일행의 발걸음을 멈추게 한다. 베네치아 대운하 주변 건축물을 걸어서 다녀보는 것, 매우 낭만적이고 감성을 자극하는 여행이다.

　우리 일행은 곤돌라를 옵션으로 타는 팀과 광장을 둘러보며 자유 시간을 가지는 팀으로 나뉘었다. 나와 아내는 베네치아의 운치 있는 낭만을 체험하기 위해 자유 시간을 가져 보기로 하고 몇몇 가정과 마르코 폴로 생가, 카사

노바가 수많은 여인들을 유혹할 때 이용했다는 커피숍 등 많은 문학과 예술가들의 집과 사연이 담긴 건물들을 살펴볼 수 있는 뜻 깊은 시간을 가졌다. 일행과 함께 기념품 상점에 들러 간단한 쇼핑과 본젤라또 아이스크림으로 여행의 즐거움을 한껏 누려 보기도 했다.

▼ 산 마르크 대성당

4. 스위스

유럽의 중앙부에 자리 잡고 있는 나라로 중세에는 프랑크왕국, 신성 로마 제국의 일부가 되었다가 1291년 스위스지역의 3인 대표가 국가의 기원이 된 영구동맹을 맺었다. 정식명칭은 '헬베티아 동맹' 통상적으로 스위스 연방이라고 한다. 역사적으로는 로마 시대부터 이 지역이 알려지기 시작했으며 켈트족의 한 갈래인 헬베티아 족이 거친 산악지역을 일구며 거주했다.

1815년 오스트리아 빈회의에서 중립국이 되었다. 국토 대부분이 알프스 산맥의 능선에 걸쳐있어 고원과 깊은 계곡, 그리고 호수가 많다. 이 때문에 세계적인 풍광을 자랑하는 관광지가 많아 세계 최고의 관광산업국가로 발전했다. 전통적으로 정밀기기, 공구, 등이 발달했으며 특히 시계가 유명하다. 언어는 독일어, 프랑스어, 이탈리아어를 쓰고 있어 국민들끼리도 의사 전달이 안 될 때도 있다고 한다.

스위스는 산악지대라 지하자원이 없고 땅도 척박할뿐더러 농토가 얼어 있을 때가 많아 곡식도 잘 안된다고 한다. 따라서 먹고 살기 위해 목숨을 팔아 생계를 이어 갔는데 전쟁이 나면 용병으로 전투에 참가하거나 경호원으로 많이 나가게 되었다. 그러다 죽으면 남은 가족들에게 많은 돈이 남겨지기에 끝까지 용감하게 싸웠다고 한다. 그것이 알려져 스위스 용병들은 신의를 중시한다는 믿음을 주게 되었다.

프랑스 혁명 당시 루이 16세 근위대 3,000명 중 800명 정도가 스위스 용병이었는데 다른 근위대는 살기 위해 흩어져 갔지만, 스위스 용병들은 루이 16세를 끝까지 보호하다 모두 전사할 만큼 신의를 중시했다. 그만큼 먹고사는 문제가 절박했을 수도 있지 않았겠는가. 가이드의 설명을 실감 나게 듣다 보니 제네바에 도착했다. 창밖에는 비가 내리고 있다. 우의와 우산으로 무장한 우리는 종교개혁비가 있는 바스티유 공원에 도착했다.

바스티유공원/종교개혁 기념공원

제네바는 프랑스의 국경 근처인 레만호 남서쪽 가장자리에 있다. 제네바에는 16세기 칼뱅이 목회했던 생 피에르 교회, 칼뱅이 살았던 사택, 칼뱅의 무덤, 종교개혁자 기념조형물, 제네바대학의 전신인 제네바 아카데미, 레만 호수 등을 돌아볼 수 있다.

종교개혁 기념비는 1559년 종교개혁을 기념하여 만든 기념물이다. 왼쪽부터 칼뱅, 파렐, 베즈, 녹스 순으로 조각되어 있다. 이 기념물은 부패한 로마 가톨릭에 항거하여 프로테스탄트 개혁교회를 쟁취한 기념으로 칼뱅 탄생 400주년인 1909년부터 1917년까지 만들어졌고 제네바 대학 내의 바스티유 공원에 설치되어 있다. 19세기 중반까지 제네바를 방어해온 성벽이었다고 전해지는 돌벽을 따라 종교개혁 운동에 힘쓴 4명의 거대한 조상이 자리하고 있다. 종교개혁의 수장인 칼뱅, 제네바 종교개혁을 처음으로 부르짖은 파렐, 칼뱅의 후계자이자 제네바 대학 설립자 베즈, 스코틀랜드에 장로교를 뿌리내리게 한 녹스의 순으로 서 있는 조각이다.

이 조상 옆에는 작은 크기로 영국의 크롬웰 등 다른 종교개혁 운동가들의 모습과 역사적인 순간들이 조각되어 있으며 종교개혁 슬로건이자 표어이기도 한 "어둠 뒤에 빛이 있으라"라는 라틴어가 새겨져 있다. 길이 100m 높이

10m의 장대한 돌벽을 따라 걷다 보면 수백 년 동안 이어진 개신교의 역사를 보는듯하다. 비가 계속 내리는 좋지 않은 날씨였지만 그 시대적 상황에서 용기 있게 외쳤던 믿음의 선각자들 앞에 많은 것을 느낀 시간이었다.

유럽에서 일어난 본격적인 종교개혁은 마틴 루터와 츠빙글리에 의해서 비롯되었으나 그전에도 영국의 위클리프 같은 개혁자도 있었다. 프랑스에서는 루터보다 26살 어린 칼뱅이 동료들과 면죄부 남발 등으로 부패한 가톨릭에 대항하여 '오직 성경, 하나님의 절대 주권을 위해, 오직 하나님께 영광을'이라고 외치며 개혁을 추진했다. 당시 이들 개혁파에 의해 생겨난 신교(protestant)도들은 교황과 각 나라의 왕들이 지배하는 가톨릭의 온갖 핍박과 회유와 박해를 당했는데 칼뱅도 이때 프랑스에서 이곳 스위스로 피신왔다. 이 기념탑에서 얼마 떨어지지 않은 생 피에르 성당에서 설교하며 강력한 종교개혁을 추진했다고 한다.

종교개혁 기념비 앞 숲 속에는 츠빙글리 기념비가 자리 잡고 있었다. 츠빙글리는 루터와 동시대의 인물로 루터와 함께 종교개혁을 이끌었던 인물이다. 둘은 성만찬에 관한 견해 차이로 갈라서게 되는데 가이드의 설명과 참고 문헌을 정리해 보면 이렇다.

가톨릭은 축성(祝聖)된 빵과 포도주는 본체 상 그리스도의 몸과 피로 변한다는 화체설(化體說)의 태도를 보인 반면, 루터는 빵과 포도주는 그대로 있으면서 부활하신 그리스도의 몸이 그곳에 함께 있다는 소위 공재설(共在說)을 주장했다. 츠빙글리 역시 화체설을 거부할 뿐 아니라 루터의 공재설도 가톨릭적인 잔재라고 비판했다.

츠빙글리는 1524년 후반기에 성경에서 '이것은 내 몸이다'는 주님의 말씀은 '상징하다'로 해석하였다. 따라서 성만찬에서 빵은 실제로 그리스도의 몸이 아니라 몸을 상징하는 것일 뿐이다. 그는 요한복음 6:63절에서 보듯이 이것은 영적인 성격을 지녔다고 확신하였으므로 루터가 주장하듯이 그리스도가 성찬 속에 실제적으로 임하는 것은 아니라고 보았던 것이다.

이에 대해 루터는 이것은 그리스도의 인성과 신성의 신비한 결합을 이성으로 부정하는 위험한 일이라고 반박했다. 그는 기독교신앙의 근거는 이성이 아니라 말씀이며 이것이 부정될 때 기독교 신앙은 무너진다고 보았으며 가톨릭 교회의 주장보다 츠빙글리의 입장이 훨씬 위험하다고 보았던 것이다. 이러한 성만찬 논쟁은 결국 1529년 마르부르크 종교평화 회담으로 이어졌다. 여기에서 작성된 마르부르크 조항은 다양한 해석의 가능성만 남긴 채 봉합된 것으로 결코 합의 신조라 부를 수 없었다. 많은 공통점이 있음에도 불구하고 루터는 츠빙글리의 추종자들을 그리스도의 형제이자 한 몸으로 인정하기를 거부했다.

칼뱅의 하숙집

비가 오다 개기를 반복하는 궂은 날씨였지만 시간과 만만찮은 비용을 들여 참여한 성지순례이기에 한곳 한순간을 놓칠세라 열심히 보고 듣고 걷기를 반복한다.

바스티유 공원을 지나 골목길을 돌아가니 꽤 넓은 광장이 나온다. 3층으로 된 벽돌집이 보인다. 칼뱅이 머물렀던 집이란다. 보기에는 벽돌집으로 보이는데 내부는 목조란다. 지금은 다른 사람의 가정집이라 내부구경은 할 수 없다. 한쪽 벽면에 칼뱅의 집이라는 표지판이 없다면 일반주택이라 구분하기 어렵다.

중앙광장에는 칼뱅이 설교했다는 생 피에르 교회가 있다. 12세기 공사가 시작되어 13세기에 완공되었다고 하며 로마네스크양식과 고딕양식이 적용된 건축물로 뾰족한 첨탑이 인상적인 제네바의 대표적인 건축물이다. 16세기 종교개혁이 일어나면서 금욕과 철학이 강조되어 교회의 모든 장식품은 제거되고 색이 있는 부분은 흰색으로 칠해졌다. 원래는 로마 가톨릭 교회이었던 이곳에서 칼뱅은 1541년부터 25년간 설교했다. 이곳이 바로 칼뱅이 하나님의 영광을 위해 교회와 사회가 개혁돼야 한다고 역설했던 곳이란다.

융프라우

지금까지 여행이 인간의 솜씨와 문화를 본 것이었다면 오늘 가는 융프라우는 하나님이 창조하신 위대한 작품을 감상하러 가는 것이다. 어제 스위스 제네바에서 인터라켄 인근 '투운' 마을에 오후 늦게 도착했다. 마을풍경을 보는 순간 말문이 막힐 정도의 절경이 펼쳐진다.

인근에는 만년설에서 흘러나온 맑은 물이 만들어낸 호수가 있었다. 호텔에 도착 하자마자 일행 중 몇몇은 이 아름다운 '투운 호수'를 보기 위해 한걸음에 달려갔다. 해가지면 이 아름다운 풍광을 보지 못하기 때문이다.

사방에 펼쳐지는 설산의 파노라마, 산 중턱에 그림같이 아름다운 거대한 호수, 세계 여행자들을 통해 여행 만족도를 조사하면 스위스가 세계 1위를 놓치지 않는 요소가 이것이리라. 우리는 나이나 성별, 교회 직분과 관계없이 느낌과 감정을 사진으로 담아내다가 설산 위에 연출되는 일몰의 화려함까지 가슴에 담고 호텔로 돌아왔다.

다음 날 아침 일찍 인터라켄 역으로 갔다. 융프라우까지 가기 위해서는 한 번의 열차로 가는 게 아니라 3번을 갈아타야 한다. 갈아타는 구간마다 내려서 마을을 관광할 수 있다. 그러다가 다음에 오는 열차를 타고 올라가면 된다. 드디어 그림 같은 풍경이 시야에 들어온다. 열차 내에서 터져 나오는 탄성이 경이로운 풍경을 대변한다.

벅차오르는 감동과 짜릿한 전율을 느끼는 것은 인간이 만들어낸 조형물을 볼 때가 아니라 하나님께서 인간에게 선물로 준 경이로운 대자연을 볼 때이다. 우리가 영국, 프랑스, 이탈리아에서 수없이 보아왔던 멋진 건물과 조형물들, 세계 유수의 박물관을 장식했던 인간의 창작물들이 어찌 여기에 비하랴! 차창 밖으로 보이는 숨이 막힐 듯한 아름다운 설산 풍경, 그것을 보고 느끼고 즐길 수 있는 것이 우리에게는 축복이었다. 톱니바퀴 열차로 갈아탄 우리는 차갑지만 상쾌한 알프스의 공기를 가슴 깊숙이 흡입하며 모두가 행복해한다.

톱니 선로를 가파른 각도로 숨 가쁘게 올라가는 산악열차는 융프라우요흐 역에서 멈춘다. 아리거와 묀히의 암반을 뚫고 완공된 융프라우철도는 2012년에 이미 100년 세월을 넘어섰다. 이맘때면 융프라우 주변에는 봄꽃들이 많이 피어 중간역에서 내려 봄꽃의 향기를 음미해보는 즐거움이 있다고 하는데 우리는 어제 내린 눈 때문에 이러한 호사는 누릴 수 없었다.

유럽에서 가장 높은 역(3,454m)인 융프라우요흐 역에 도착했다. 가이드를 따라 암벽 속 터널의 산악열차 역사를 더듬어보는 것으로 융프라우 여행을 시작한다. 동굴 벽에는 터널 폭파 작업 시 희생된 근로자들의 이름이 새겨진 팻말이 걸려있어 보는 우리를 숙연케 했다.

거대한 얼음 덩어리 속 15m 아래까지 이어지는 얼음동굴은 내부공간이 어지간한 빌딩 내부 못지않았다. 아름다운 조명에 반사되어 반짝이는 얼음 벽면과 얼음조각을 감상하는 것도 솔솔 한 재미였다.

특이한 재미에 빠져있는 사이 어느새 전망대다. 우리 앞에는 알프스 최초로 유네스코 세계자연유산에 등재된 융프라우와 알레치 빙하가 눈앞에 펼쳐진다. 3,571m 스핑크스 전망대에서 마주하는 알레치 빙하는 남쪽으로 22km 뻗어 있다고 한다. 빙하와 만년설의 조화는 우리 가슴을 시원하게 하는 정말 멋진 장면을 연출한다.

여행은 사진이 증명한다고 했던가. 시간이 없다는 가이드의 재촉 소리가 무서운 중대장의 명령으로 들렸지만 이미 군기 빠진 우리에겐 명령이 잘 먹히질 않는다. 검은 암석과 하얀 만년설 4,000m를 넘나드는 다양한 고봉들을 보니 지루할 틈이 없다. 빙하와 만년설이 토해내는 차가움도 우리에겐 문제가 되지 못했다.

가이드의 목소리가 비명에 가까워도 눈과 얼음 위에 다양한 포즈와 연출로 많은 추억을 담아낸다.
　산악열차 건설을 계획할 당시 많은 사람들은 알프스 융프라우를 오가는 기차를 건설하겠다는 것은 하늘에서 별을 따오는 일이라고 비웃기도 했지만 많은 희생과 우직함으로 마침내 이루어 냈다고 한다.

1898년 터널암벽 폭파작업을 시작으로 수많은 갱부 노동자들은 희생되었고 예산보다 많은 공사비가 들어가 공사가 중단되기도 했다. 우리에게 아름다움의 대명사 융프라우가 이들에게는 고귀한 생명을 앗아간 아픔의 현장이었구나 라는 생각에 마음이 무거웠다. 그들의 희생 위에 1912년 2월 21일 커다란 폭음과 함께 동굴이 뚫리고 착공한 지 16년 만에 유럽 최고 고도의 철도역이 해발 3,454m 융프라우에 세워지게 되었다고 한다.

5. 오스트리아

파란 하늘 아래 봄의 햇살이 고색창연한 중세 건물들을 따스한 품으로 품어주면 어느덧 도시 전체가 문화유산으로 가득한 예술작품으로 살아난다. 거리마다 레스토랑과 카페에서는 모차르트의 현악 사중주가 감미롭게 울려 퍼진다. 역사와 문화 예술에 관심이 있는 사람들에겐 찬란했던 과거 유산을 잘 간직하고 있는 동유럽은 꿈의 여행지 중 하나다. 음악을 사랑하는 사람들이라면 오스트리아는 꼭 한번 가봐야 할 나라로 손꼽힌단다. 오랫동안 유럽 전역을 지배했던 합스부르크왕가의 영광은 사라졌지만, 오스트리아는 여전히 음악 등 예술분야에 있어서 유럽의 중심국가다.

합스부르크왕가는 문화 예술에 대한 사랑이 남달랐다고 한다. 모차르트, 베토벤, 요한 슈트라우스 등 우리가 알고 있는 음악 거장들이 오스트리아에서 태어났거나 빈에서 활발한 음악 활동을 펼쳤다는 사실이 이를 증명한다. 음악과 예술의 나라로 불리는 오스트리아는 알프스산맥에 위치한 알프스의 나라로도 유명하다. 우리들은 그동안의 피로를 베네치아의 아름다운 풍광과 시원한 갯바람에 날려 보내서인지 오늘은 가뿐하고 상쾌하다.

오스트리아 티롤 주의 주도인 인스부르크로 이동했다. 고풍의 멋이 있는 고도에서 세련된 도시여행 보다 중세의 맛을 즐기고, 서쪽 알프스 지역에서는 빙하로 덮힌 알프스 봉우리와 시원한 호수의 풍광을 만나면 된다.

인스부르크 (마리아 테레지아 광장)

여행을 하다 보면 여행자로 하여금 평안함을 느끼게 하는 도시와 그 도시를 형성하고 있는 사람들을 만날 수 있다. 이들은 도시에 관한 대단한 자부심과 더불어 타인에 대한 친절과 배려가 묻어있어 여행자들이 마음 놓고 추억을 만들어 온다.

인스부르크가 그런 도시라 말할 수 있지 않을까! 광활한 자연과 수많은 명소, 그리고 언제나 친절하게 마음을 열어주는 사람들이 있기에 인스부르크는 더욱 특별한 도시로 다가온다.

인스부르크는 '인강에 걸쳐있는 다리' 혹은 '인강 위에 있는 다리'라는 의미다. 인강이 도심 사이로 흐르고 외곽에는 만년설로 뒤덮인 알프스 산맥의 웅대한 비경을 볼 수 있다. 동계올림픽을 2번이나 개최한 도시이며 만년설로 한여름에도 스키를 탈 수 있는 도시다. 봄날의 인스부르크는 편안하면서도 여유로운 오스트리아 중규모의 도시를 우리에게 보여주고 있었다. 마리아 테레지아 거리의 시작점은 인스부르크 개선문. 이 개선문은 마리아 테레지아 오스트리아 여황제의 아들과 스페인 공주와의 결혼을 축하하고 남편의 죽음을 애도하는 의미로 건축하였다고 한다. 파리의 개선문보다 작았지만, 역사가 묻어나는 운치 있는 상징물이었다.

'마리아 테레지아거리'는 남편 프란츠 1세와 함께 통치했던 마리아 테레지아 왕비의 이름을 땄다. 왕비는 뛰어난 정치가였으며 생전에 16명의 자식을 두었다고 한다. 프랑스 비운의 왕비 마리 앙투아네트의 어머니이기도 하다. 리더십이 강하고 강단이 있어 당시 유럽의 패권을 두고 갈등했던 프랑스 부르봉 왕가와 동맹을 맺는 데도 성공한다. 동맹의 끈으로 자신의 막내딸 마리 앙투아네트를 프랑스 루이 16세에게 시집도 보냈다.

그러나 오스트리아 평화를 위해 프랑스로 시집보낸 마리 앙투아네트는 프랑스 혁명으로 콩코드 광장에서 형장의 이슬로 생을 마감하는 비극의 주인공이 된다.

거리는 여기저기 트랩(전차)의 전선 줄이 엉켜 있어 미관을 약간 흐트러 놓았지만 노르트케데 영봉을 배경으로 마리아 테레지아 거리는 아름다웠다. 거리의 중앙자리를 차지한 대리석의 성 안나 기념탑, 이 기념탑을 중심으로 인스부르크는 구시가지와 신시가지로 나누어진단다. 맨 꼭대기는 성모마리아 조각상이 테레지아 거리와 수많은 관광객을 내려다보고 있다. 이 기념탑은 1706년 스페인 왕위전쟁 때 바이에른 군의 침략으로부터 도시를 방어한 기념으로 세웠다 한다.

시가지 길목에는 야고보 성당이 있었는데 이 성당은 세계적으로 유명한 성당 중 한 곳이란다. 이유는 성당 안에 '루카사 크라나흐'가 그린 '구원의 성모'라는 그림 때문이란다. 이 그림은 성모 마리아가 아기 예수를 품에 안고 있는 어느 곳에서나 볼 수 있는 평범한 그림이다. 그런데 이 그림이 엄청난 파장을 일으켰다고 한다. 이런 부분이 문제가 되었기 때문이다.

① 그림에 나타난 아기 예수에게 옷을 입히지 않았다.
② 성모 마리아의 얼굴을 너무 평범하게 그렸다.
③ 귀족이 아닌 평범한 여자를 모델로 그렸다.

이 시대에는 파격적인 부분이라 개혁교회 그림으로 대변되었으며, 따라서 많은 우여곡절을 겪었다고 한다. 성당은 중세교회와 같이 웅장하고 아름다웠다. 그러나 교인이 없어 경제적으로 매우 어려움에 처해있다고 한다. 교회가 오래되어 보수가 시급하지만, 재정이 없어 엄두를 못 낸다고 했다. 종교 세라는 것을 국가가 받지만, 강제성이 없어 내지 않아도 강제할 방법이 없다고 한다. 따라서 우리 같은 관광객들에게 교회 방문 시 1인당 1유로 정도 헌금해 달라고 부탁하는 처지였다.

잘츠부르크

잘츠부르크는 인근 암염광산 때문에 소금의 산지로 '소금의 성'이라는 독특한 의미를 지니고 있는 도시이다. 지금도 이곳의 소금이 전국에 공급되고 있다고 한다. 그 결과 광산으로 부를 축적했고 그 경제력으로 예술혼을 꽃피워냈다. 천재음악가 모차르트가 태어났고 그 모차르트가 세례를 받은 1000년의 역사가 숨 쉬는 대성당이 있고, 그리고 모차르트 생가 가있는 게트라이데 거리, 영화 '사운드오브 뮤직'의 배경이 된 미라벨 정원, 호엔 잘츠브르크 성, 등과 북쪽의 로마로 불릴 만큼 중세의 건축물들이 우리 같은 이방인들의 발걸음을 유혹한다.

잘츠부르크 성은 1077년 게브하르트 대주교 지시로 건축을 시작 17세기에 완성된 중세의 성으로 구시가지의 가장 높은 곳에 있다. 1500년경 대대적인 확장공사가 있었고 1681년에 와서 현재와 같은 완전한 요새의 모습을 갖추게 되었단다.

유럽 중부지역에서 현재까지 파손되지 않고 잘 보존되고 있는 성 중 가장 큰 성이다. 또한 웅장한 성의 그림자는 세계에서 가장 아름다운 곳 중 한 곳이다. 겉으로는 단조로워 보이지만 원래 남독일 최후의 공격에 대비해 지은 요새라 내부구조가 매우 복잡한 미로 구조로 되어있다고 한다. 한때는 감옥, 군부대 등으로 이용되기도 했다. 성안에는 대주교의 거실과 각종 무기류, 고문 기구, 성이 지어졌을 당시 있었던 가구들, 수공예품 등을 전시하고 있다. 그리고 조그만 기념품을 판매하는 선물가게가 자리하고 있다. 1501년에 만든 고딕양식의 마요르카 구이 난로와 수동식 파이프오르간이 있는데 이 오르간은 하이든, 모차르트가 쓰던 것이라고 한다.

잘츠부르크 성

6. 체코

체코

체코의 역사는 보헤미아 역사와 다름없다. 최초의 보헤미아 왕국은 프라하의 프리세미슬 왕조 아래에서 형성되었으며 895~1306년까지 존속했다. 1085년에 이르러 프리세미슬 왕조는 많은 부를 축적하여 보헤미아 왕국이 신성 로마제국으로부터 하나의 독립왕국으로 인정받기도 했다. 1306년 프로세미슬 왕가가 막을 내린 뒤 보헤미아 왕권은 룩셈부르크로 넘어갔다. 1346년 카렐 1세가 왕위에 올랐고 1355년에는 신성 로마제국의 황제(카를 5세)가 되었다. 그는 프라하를 행정 중심지로 삼았으며 보헤미아는 황금시대를 맞이한다.

15세기에는 체코의 성직자이자 학자인 얀후스가 주도한 종교개혁 운동이 보헤미아 전역을 휩쓸었다. 이 종교개혁 운동은 얀후스가 체코어를 사용하는 대중에게만 지지를 호소하고 독일어를 사용하는 로마 가톨릭 교인들과 유리시키면서 민족주의적 색채를 띠게 되었다. 그를 지지하는 후스파 추종자들은 그 후 여러 세기에 걸쳐 정치적 종교적 권리를 얻기 위해 투쟁했다. 1526년 로마 가톨릭을 믿는 합스부르크 왕가가 보헤미아 왕권을 차지한 후 일어난 후스파의 반란(1618년)은 30년 전쟁의 도화선이 되었다.

이 전쟁에서 보헤미아인들이 패배했다. 1627년에 신성 로마제국의 황제 페르디난트 2세는 비 가톨릭교도들에 대해 가혹한 보복조치를 취했으며 합스부르크가를 통해 더욱 엄중하고 노골적인 통치를 가하기 시작했다.

1867년 오스트리아-헝가리 제국이 성립되고 보헤미아는 오스트리아의 한주로 편입된다. 이에 보헤미아를 중심으로 민족주의가 확산되었고 독립을 추구하는 정당들이 형성되었다. 제1차 세계대전으로 오스트리아-헝가리 제국이 붕괴되고, 보헤미아 모리비아 슬로바키아가 연방을 이룬 체코슬로바키아 연방 공화국이 탄생했다.

이후 70년 동안 연방공화국으로 지내오다가 제2차 세계 대전 중인 1944년 체코슬로바키아는 소련군에 의해 점령당한다. 소련에 영향 받은 공산당원들은 1948년 쿠데타로 인해 인민공화국이 수립된다. 1968년에는 당의 제1서기인 두브체크의 주도로 자유화 운동인 '프라하의 봄'을 시도했으나 바르샤바 조약군의 탱크를 앞세운 진압으로 좌절되기도 했다.

1969년 두브체크 축출 후 후사크 정권이 들어서면서 체코와 슬로바키아 2개의 공화국으로 구성된 연방제를 채택했다. 1977년 다시 일어난 체코슬로바키아 국민은 정부의 인권 탄압에 항의하고 헬싱키조약 준수를 촉구하는 '77헌장'을 공표한다. 이어 1989년 소련의 지도자 미하일 고르바초프의 개혁과 개방 정책에 따른 민주화 물결이 동유럽 전역을 휩쓸면서 체코슬로바키아 공산 정권이 무너진다.

1989년 12월 29일 바츨라프 하벨이 새 정부 대통령으로 취임하고 개혁을 주도했다. 상대적 소외감을 느낀 슬로바키아에서는 민족주의가 일어났고, 양측의 합의로 1993년 1월 1일 체코와 슬로바키아는 평화적으로 분리 독립했다.

체스키크롬노프 성

체스키크롬노프 성은 프라하 성에 이어서 체코에서 두 번째로 큰 성이다.

이 성은 13세기부터 18세기까지 고딕양식으로 건축을 시작하여 수차례 새로운 건축양식들이 적용되어 현재는 여러 양식이 복합된 성의 모습을 하고 있단다. 르네상스 양식의 성 탑인 흐라데크는 체스키크룸로프의 상징이자 마을에서 가장 높은 전망을 자랑하는 곳이다. 높이 55m의 162계단을 오르면 블타바 강이 에스 자로 흐르고 다닥다닥 붙어있는 이 곳은 전망대가 있다. 붉은 지붕이 아름답게 펼쳐지는 경치를 볼 수 있다. 우리는 성내로 진입해 광장을 지나 체스키를 한눈에 내려다볼 수 있는 성벽으로 발걸음을 옮긴다. 전망이 좋거나 유명한 유적지엔 중국 관광객이 많다는 걸 느꼈지만 여기도 예외는 아니어서 포토존을 차지하기 위해 치열한 자리싸움을 벌려야 했다. 성벽에서 바라본 체스키크룸노프 붉은 색 지붕의 아름다움은 쉽게 잊혀지지 않을 독보적인 풍광이었다. 도시 전체가 유네스코 세계문화유산으로 지정될 만큼 아름답고 매력적이다. 이 성은 세계 300대 건축물에 들어간다고 한다. 우리는 점심을 먹기 위해 성 밖으로 나왔다. 식당으로 가는 길은 아름다운 풍경과 낯설면서도 왠지 거부감이 없는 마을의 좁은 골목길이었다.

마치 동화 속 마을에 소풍 나온 기분을 들게 했다. 강을 끼고 운치 있는 조그만 식당에서 분위기 있는 식사를 했다. 제법 규모 있는 냇가가 있고 건너편에는 체스키크룸로프 성의 흐라테크 성 탑이 보이는 조망권이 최고인 자리였다.

식사를 마친 우리는 프라하를 가기 위해 전기 트랩(전차)을 탔다. 한편 영국, 프랑스, 이탈리아에서 귀가 따갑도록 같은 말을 반복해서 들은 말이 소매치기에 관한 주의였다. 예를 들어가며 설명을 하는 것은 그 정도 심각하다는 반증이리라.

그 우려하고 경계하던 소매치기를 트램에서 만나게 되었다. 가이드는 이어폰으로 소매치기를 지명하며 주의를 당부했다. 어느 위치에 있고 인상은 어떠하며 누구랑 같이 있다는 정확한 정보를 제공했다. 소매치기 일당은 대부분 남녀로 구성되어 있다고 하는데 우리와 만난 소매치기도 남녀 한 팀이었다. 그들은 계속 우리 일행과 관광객들의 가방을 보고 있었다. 우리는 모두 가방에 손을 얹고 있어서인지 얼마 가다가 트램에서 내렸다. 요즘 소매치기방법도 대담해져 어깨에 걸고 있는 가방도 채가는 경우도 있다고 한다.

프라하

동유럽 국가 중에 여행자들에게 가장 인기 있다는 체코 여행의 하이라이트 역시 프라하가 아닐까! 프라하는 로마와 파리에 버금가는 동유럽의 고도다. 유네스코 세계 문화유산으로 등재된 아름다운 중세 건축물을 훑어보는 것만으로도 벅찬 감동을 느끼게 한다. 사방에 보헤미아 왕국과 합스부르크 제국시대의 건축물이 남아있는 프라하는 드보르작, 스메나타 등 유명한 작곡가를 배출한 곳이다. 동유럽에서 가장 오래된 다리로 알려진 카를교에서 바라보는 위풍당당한 프라하 성의 모습도 빼놓을 수 없는 볼거리다.

붉은 노을에 휩싸인 프라하 성의 정경을 감상하며 이곳에서만 느낄 수 있는 즐거움에 한껏 들떠본다. 아름다운 프라하 야경을 먼저 떠올리게 하는 체코는 다채로운 볼거리로 우리들을 실망시키지 않았.

유럽에서 가장 아름다운 3대 야경은 헝가리 부다페스트, 프랑스의 파리, 체코의 프라하 야경이라고 하는데 왜 아름다운 야경에 매료되는지 알

것 같다. 프라하 성과 카를교 야경은 도시 전체가 하나의 테마파크 장식처럼 아름답게 빛났다. 특히 카를교에서 바라보는 프라하 성 야경은 최고의 전망으로 황홀하다. 또한 프라하는 유럽의 음악학원이라 불릴 정도로 연중 공연이 끊이지 않는 곳이란다. 국립 마리오네트 극장에서 펼쳐지는 유럽 최고의 마리오네트 인형극을 감상해보는 것 또한 진한 감동에 푹 빠질 수 있다고 했다.

 프라하 여행은 두 곳을 중심으로 이루어진다. 바츨라프 광장, 블타바 강을 가로지르는 카를교, 오랜 역사를 자랑하는 프라하 성까지 도시 전체가 고색창연한 박물관이라 해도 과언이 아닌 신시가지와 체코인의 삶의 중심이 되는 틴 성당, 킨스키 궁전, 구 시청사, 성 니콜라스 성당, 얀후스 기념비 등 주요 볼거리가 몰려있어 프라하여행의 하이라이트라 할 수 있는 구시가지이다. 이곳들은 단순한 건물이나 유적, 광장을 넘어 국민들과 생사고락을 함께한 의미 깊은 장소이다. 체코의 민주화 운동이 이루어지기도 하였고 세계대전 같은 전쟁에 휘말려 고난을 겪기도 했다.

 지금은 세계 각국에서 모여든 여행객들과 프라하 시민들의 쉼터이자 세계문화 유산들의 집합소로 변모했다. 이러한 유적이나 광장들을 돌아보며 그 의미를 새겨 보기도 하고 여행에 지친 다리를 쉬어가기도 한다. 세계 여러 나라 여행자들이 모이는 광장이라 사람들을 구경하는 재미도 쏠쏠하다. 우리는 어디서 왔는지도 모르는 젊은이들과 스스럼없이 어깨동무하며 사진도 찍었다. 말이 통할 리 없지만 가벼운 미소 한 번이면 국경과 이념, 언어와 나이를 뛰어 넘는 소통이 이루어진다. 이래서 여행은 즐겁고 행복한 것이다. 가까운 거리의 광장들이지만 광장들은 조금씩 분위기가 다르다. 구시가지 광장에서는 각종 공연과 볼거리가 많이 있다. 매일매일 새로운 아티스트들이 출연하여 귀와 눈을 즐겁게 한다. 여행객들은 갈채를 보내고 팁을 낸다. 신시가지 광장에서는 바츨라프 동상 앞에서 기념사진을

촬영하며 프라하 여행을 시작하려는 여행객들로 가득하다.

  유럽의 도시는 짧게는 하루, 길게는 며칠씩 머물러도 상관없이 즐길 수 있는 묘한 매력이 있는 것 같다. 짧으면 짧을수록 길면 긴 대로 볼거리 즐길거리가 풍부하기 때문이리라. 체코 프라하도 그렇다. 일정에 쫓겨 오래 머물지 못했지만, 야경과 다음날 둘러본 곳곳의 다양한 볼거리를 보며 체코 전체를 본 듯한 감흥을 느꼈다. 다만 시간에 쫓겨 많은 추억을 챙기지 못한 점은 아쉬움으로 남는다. 패키지여행의 한계를 실감하는 순간이었다.

바츨라프광장

  프라하에서 둘째 날이 밝았다. 중세의 시간이 빛으로 부활한 어제 저녁 프라하는 오랫동안 잊지 못할 것 같다. 오늘도 온전히 프라하를 느끼고 싶다.
  '프라하의 봄'으로 유명한 바츨라프 광장이 눈앞에 나타났다. 체코인의 자유와 인권 그리고 민주화를 상징하는 바츨라프 광장, 오래전 우리에게도 많이 알려진 '프라하의 봄' 그 현장에 내가 왔다. 당시에는 이런 꿈같은 일을 상상도 못 했는데 지금 그곳에 내가 서 있다. 우리나라도 민주화를 열망하며 투쟁했던 역사를 간직하고 있고 그 역사의 현장에 뛰어들어 목이 쉬도록 독재 타도를 외쳤던 나였기에 이곳에서 느끼는 의미는 남다르다.

제2차 세계대전 후 1948년 이른바 2월 사건이 실패로 돌아간 이후 1968년 1월 '프라하의 봄'으로 부르는 자유화 운동이 일어났다. 소련과 불가리아, 폴란드, 헝가리군대가 탱크를 앞세워 체코 프라하로 진격한다. 당시 당의 제1서기인 두브첵은 국민들에게 비폭력저항을 당부한다.

그러나 하루가 지난 21일 프라하는 점령 당한다. 소련 언론들은 체코의 요청으로 군대를 파견했다고 발표한다. 이것은 소위 '브레즈네프 독트린-자본주의로부터 동유럽 나라를 보호하기 위해 소련은 개입할 수 있다'.에 의해 한 것이라고 정당화했다. 언론의 자유와 민주화를 열망하던 수많은 군중이 자유를 부르짖던 이곳이 이제 수많은 관광객으로 붐비고 있다.

천문시계

　구시가지 광장에서 가장 눈에 띄는 건물은 바로 구청사였다. 14세기에 지어진 구시청사의 모습에도 놀랍지만 500년 전 기술로 완성된 시계탑에 다시 한 번 감탄하게 된다. 매시간 정각이 다가오면 시계탑 앞에 전 세계에서 찾아온 여행객들로 발 디딜 틈이 없다. 그리고 몇십 초 동안 여행자들의 혼을 쏙 빼놓는다.

　시곗바늘 윗부분의 창문이 열리면서 예수님의 열두 제자 인형이 차례로 나왔다가 춤을 추고 사라지는 퍼포먼스가 펼쳐지기 때문이다. 우리는 오후 7시 퍼포먼스를 간발의 차이로 놓쳤기 때문에 8시에 맞춰 구경하기로 하고 식사를 서둘렀지만 그래도 시간이 촉박했다. 식사를 마친 우리에게 주어진 시간은 3분, 모두다 가이드를 따라 뛰기 시작했다. 프랑스에서 세느강 유람선을 타기 위해 뛴 것처럼 분 단위가 아니라 초 단위로 끊어가며 숨 가쁘게 달려갔다. 시간 내 도착은 했지만, 광장에는 이미 자리 잡은 관광객들로 발 디딜 틈이 없다.

　8시 정각 천문시계는 종소리와 함께 죽음을 의미하는 오른쪽 해골 인형이 줄을 당겨 모래시계를 뒤집으면 시계 위의 창문이 열리면서 예수님의 12 제자들이 2개의 창을 통해 천천히 나타났다가 사라졌다. 그게 전부였다. 열심히 달려와서 거창한 것을 기대했던 우리는 뭔가 허전하고 아쉬웠다.

　이 시계는 1410년 프라하 찰스 대학교 '안몬드류브' 수학교수와 시계기술자인 '미쿠라스'가 점성술을 보기 위해 만들었다고 한다. 시계는 상·하 2개의 원형으로 이루어져 있는데 위쪽 시계를 '카렌다름' 아래쪽을 '플리네타름'이라고 부른다. '카렌다름'은 천동설의 원리에 따른 해와 달과 천체의 움직임을, 아래쪽 '플리네타름'은 12개의 계절별 장면들을 묘사하며 당시 보헤미아 농경 생활을 보여준다.

당시의 권력은 이 시계를 만든 '안몬드류브' 교수의 눈을 찔러 장님으로 만들었다고 하는데 그 이유는 프라하 시 외에 다른 곳에서는 이같이 아름다운 시계를 못 만들도록 하기 위함이었다고 한다.

카를교

우리 일행은 바츨라프 광장을 수많은 관광객에게 이리저리 부딪히며 겨우 벗어나 고딕양식의 카를교 다리에 도착했다. 카를교는 1357년 카를 4세에 의해 세워졌고 이 교탑은 600년이 훌쩍 넘는 역사를 간직하고 있다고 한다. 카를교의 아치형으로 된 문 안쪽으로 들어서기 전 오른편에 잠시 멈췄다. 아니 멈출 수밖에 없었다고 하는 표현이 정확하다. 프라하 성을 보기 위해서다. 가이드는 여기가 프라하 성을 가장 잘 바라볼 수 있는 곳 중 하나라는 설명을 했지만, 설명을 듣지 않아도 직감적으로 먼저 알 수 있었다. 아들이 챙겨준 좋은 카메라의 위력을 발휘해본 순간이다.

카를교에서 바라보는 프라하 성 전경은 무척 아름다웠다. 강변의 풍경도 낭만적이다. 다리 위 즉석에서 펼쳐지는 거리의 악사 공연도 수준급이다. 푸른 하늘과 붉은 지붕의 대비 그리고 예리하게 우뚝 솟은 첨탑의 조화는 너무 아름답다.

카를교를 걸었다. 일행 대열을 이탈해 나만의 시간을 가져봤다. 여행을 준비하며 프라하의 카를교를 걸어보리란 다짐의 약속을 지키기 위해서다. 다리 양옆에는 초상화나 캐리커처를 그리는 화가들, 아기자기한 기념품을 파는 노점상들, 500m가 넘는 다리 좌우 난간에는 30개 성상이 마주하고 있었다. 그중 황금별 다섯 개의 광채로 머리를 감싼 얀 네포무츠키 성상 앞에는 소원을 비는 이들로 긴 줄이 이어졌다. 손으로 얼마나 만졌는지 동판이 반짝

반짝 광이 난다. 블타바 강을 가로지른 카를교의 눈부신 야경과 함께하는 이 시간이 행복하다.

  먼 미래는 알 수 없지만, 이 시간을 생각하면 잊지 못할 진한 감동의 시간이었다고 기억될 것이다. 우리는 다음 날 아침에도 이 아름다운 다리를 유유자적 거닐었다. 베들레헴교회(후스설교 교회)를 순례키 위해 가는 길목에 있었기 때문이다. 밤에 보는 카를교와는 느낌은 달랐지만 그렇게 붐비던 관광객도 없고 아침 강바람의 상쾌함이 피로 쌓인 우리 몸을 가볍게 한다.

카를교에서 바라 본 프라하성

얀후스 / 얀후스동상

천주교 사제였던 '얀 후스'는 1372년 태어나 1415년 화형에 처해 순교한 기독교 신학자다. 로마 교황청과 지도자들의 모순과 일탈을 비판하다가 1411년 교황 요한 23세에 의해 파문당하고 1415년 콘스탄츠 공의회의 결정에 따라 화형에 처해졌다. 그는 성경을 믿음의 유일한 권위라고 강조하는 복음주의자였다.

프라하 대학에서 공부했고 1400년부터 교수와 사제가 된다. 그 후 대학 총장이 되고 설교와 저서를 통해 교회가 타락을 청산하고 초기 기독교 정신으로 돌아가야 한다고 주장했다. 그의 주장은 프라하대학 교수들과 왕실 일부 귀족 그리고 대다수 대중의 지지를 받았다. 1414년 10월 스위스의 콘스탄츠에서 종교회의가 열렸는데 이때 체포되어 감옥에 갇혔고 모진 고문을 당했다고 한다. 하지만 끝까지 뜻을 굽히지 않았기에 1415년 7월 6일 화형으로 순교했다.

구시가지 광장에서도 한눈에 들어오는 '얀 후스' 동상은 1915년 '얀 후스' 사망 500주년을 추모하기 위해 만든 기념비이다. 15세기 종교개혁자 '얀 후스'를 추종하던 많은 사람도 역시 처형되었다. '얀 후스' 동상주위에는 세계인들에게 잠시 앉아서 쉴 수 있는 벤치가 동상을 두르고 있었는데 마치 '얀 후스'를 보호하는 하나의 보호막처럼 느껴졌다. 동상을 바치고 있는 좌대석에는 '진리를 생각하고 진리를 사랑하고 진리를 말하라'라고 씌어 있다. 우리 일행 중 장로회 임원들은 그 뜻을 음미하며 평신도 지도자로서의 정신을 계승해 보자는 다짐의 시간을 가졌다.

7. 독일

독일

　어제 체코 프라하 여행을 마치고 늦게 이번 여행의 마지막 국가이며 종교개혁의 색채가 강하게 느껴지는 독일로 들어왔다. 독일의 정식 명칭은 독일연방공화국이다. 유럽 중부에 있는 나라이며 덴마크, 폴란드, 체코, 오스트리아, 스위스, 프랑스, 룩셈부르크, 벨기에, 네덜란드와 국경이 맞닿아 있다. 인구 대부분은 게르만족이고 그 외 소수민족으로 이루어져 있다.

　전통적인 기독교 국가로 신교는 전체인구의 51% 정도이고 구교는 48%가 믿고 있다. 1517년 루터의 종교개혁으로 독일사회는 심대한 충격을 받는다. 기사전쟁, 농민전쟁, 종교전쟁 등을 거치면서 1555년에 아우크스부르크 종교 회의에 의해 신·구교가 분리되게 된다. 종교개혁은 독일과 유럽을 프로테스탄트와 로마 가톨릭 지역으로 분리되게 하였고 30년 전쟁에서 최고조에 달했다. 독일의 인구와 국경은 대폭 줄어들었다.

　1862년 오토 폰 비스마르크는 권력을 잡고 1871년 독일을 통일하여 독일제국을 재건한다. 독일제국은 제1차 세계대전에서 패배한 후 1918년 해체되었고 바이마르 공화국이 선포 되었다. 독일은 많은 영토와 모든 식민지를 빼앗겼다. 1933년에 아돌프 히틀러가 총리가 되었다. 그는 나치당이 지배하는 전체주의 국가인 제3국을 설립한다. 히틀러는 전 세계를 제2차 세계대전에 휩쓸리게 하면서 1939년에 폴란드를 침공하였다. 그는 600만 명의 유대인과 수많은 사람을 조직적으로 학살하였다.

1945년 전쟁의 패배에 따라 연합국은 독일을 4개로 분할 통치했다. 독일의 재통합은 소련의 의견 불일치로 1949년 서독과 동독으로 분단국가가 된다. 서독은 경제적으로 번영을 이룬 민주국가가 되었고 동독은 소련의 영향으로 1당 공산체제가 된다. 동독 공산 정부는 1989년 평화적으로 무너졌고 독일은 1990년 재통일된다.

비텐베르크

비텐베르크는 온통 루터의 축제장 같았다. 엘베 강변에 자리 잡고 있는 비텐베르크는 종교개혁자 루터로 인해 온 세계 사람들이 찾는 도시가 되었다. 이 도시의 공식 이름이 '루터 비텐베르크'라고 할 정도로 루터의 영향력은 절대적인 것 같았다.

15세기 말 작센주의 주요 도시였던 비텐베르크에 1502년 프리드리히에 의해 비텐베르크 대학이 개교되었고 얼마 후에 루터와 멜란히톤이 교수로 부임하면서 16세기 종교개혁의 요람 역할을 하였다. 인구 5만 명 정도의 이 작은 도시는 루터의 도시답게 옛 도심 시청광장에는 루터의 동상이 서 있고 루터의 포스트, 티셔츠, 컵 등 다양한 기념품도 인근 상점에서는 팔고 있었다. 이 도시는 1977년 유네스코 세계문화유산으로 등재되었다. 루터(1483~1546)는 63년의 생애 중 후반 35년을 이 곳에서 보냈다고 한다. 이 곳 대학에서 박사학위를 받고 성서학을 가르쳤다. 1517년 10월 31일 비텐베르크 성안 교회 대문에 95개 논제의 반박문을 붙이므로 종교개혁이 시작됐다.

    '교황이 누군가를 연옥에서 구출할 수 있는 권세가 있다면 모조리 다 꺼내고 연옥을 폐쇄하는 것이 사랑의 도리 아닌가?'

    '돈을 받고 숱한 사람을 구원한다는데 거룩한 사랑으로 그곳을 텅 비게 하지 못하는 이유는 무엇인가?'

    로마 교황을 정면으로 공박한 루터의 논제는 독일인들에게 큰 반향을 일으켰다. 성안 교회는 비텐베르크 성 부속교회로 1509년 프리드리히 3세에 의해 지어졌다. 1517년 10월 31일 루터가 이 교회 문에 95개 조의 반박문을 붙인 바로 그 역사적인 장소이다. 원래 목재 문이었으나 1858년에 논제를 새겨놓은 청동 대문을 만들어 놓았다. 이제는 이 교회의 기념물이 되었고 수많은 관광객과 순례 객들이 다녀가는 장소로 변모했다. 대문 위 그림에는 십자가에 달린 예수님을 중심으로 왼쪽에는 성경책을 든 루터가, 오른쪽에는 그의 후배이자 동역 자였던 멜란히톤이 그려져 있었다. 교회는 개방되어 있었고 안에서는 종교개혁 500주년 기념공연을 준비하는 교향악단의 리허설이 진행되고 있었다.

    강단을 중심으로 양쪽에 루터의 묘와 멜란히톤의 묘가 안치되어 있었다.

▲루터의 95개 반박문

묘지석에는 라틴어로 '마르틴 루터가 묻혀있다'고 쓰여 있다. 우리는 무겁고 장엄한 리허설 분위기에 압도되어 사진만 살짝 찍고 광장으로 나왔다. 광장에는 많은 사람이 있었는데 우리는 여기서 추억에 남을 특별한 이벤트 하나를 즉석에서 만들었다. 배장로님의 선창과 지휘로 찬송을 부르기 시작했다. 26명이 아무런 계획이나 준비 없이 성령의 인도하심에 따라 찬송을 불렀다. 음악적 기교나 수준하고는 상관없는 감사와 기쁨의 고백이었다. 한데 놀라운 것은 교회 내 종교개혁 500주년 기념공연을 취재하던 도이취(독일) 방송이 우리의 찬양하는 모습을 보고 촬영을 했다. 우리는 의식하지 않았다. 설령 촬영되었다 하더라도 편집될 것으로 생각했기 때문이다. 귀국해서 알았지만 우리의 찬양하는 모습이 그날 저녁 독일에서 방영되었다.

▲ 루터의 묘지석

우리는 멀지 않는 곳에 있는 루터 하우스(박물관)로 갔다. 루터가 속해있던 아우구스티누스 수도원을 박물관으로 개조한 것이란다. '프리드리히' 선제후는 1525년 마흔두 살 루터가 결혼했을 때 이곳에서 살도록 해주었다. 아내는 26살의 '카타리나 폰보라'인데 루터의 종교개혁에 공감해 수도원을 탈출한 수녀였다. 둘은 결혼해 6명의 자녀를 낳았다.

루터의 종교개혁에는 루터를 도운 두 사람이 있었다. 멜란히톤과 프리드리히 선제후이다. 멜란히톤은 루터와 동시대 인물로 그의 동역자로서 또한 루터의 신학 사상을 체계화한 2세대 종교개혁가로 불리우는 인물이다. 그는 천재적인 학자로 알려져있다. 12세에 하이델베르크 대학에 입학해 철학, 수사학, 그리고 천문학 등을 공부했다. 1518년 21살의 나이로 비텐베르크 대학의 헬라어 교수가 되면서 루터와 인연을 맺게 된다.

우리가 종교개혁 하면 루터나 칼빈, 쯔빙글리 등의 인물을 떠올리지만 사실 그들 옆에서 도왔던 중요한 사람들이 많은데 그중의 한 명이 멜란히톤이다. 멜란히톤은 루터의 종교개혁을 치밀하게 이론화하고 교리화했으며 루터가 종교개혁가로 전면에 나서서 주장하면 멜란히톤은 책과 글로서 이를 뒷받침했다고 한다. 전시관에는 책을 비롯한 면제부연보궤 생활상을 그린 조소 등 많은 유물이 전시되어 있었고 한글로 된 안내 책자도 준비되어 있었다.

에르푸르트

다음으로 방문한 도시는 에르푸르트이다. 에르푸르트는 종교개혁의 중심에 서 있던 마틴 루터가 활약한 도시다. 인구20만명 정도의 중소도시라 사람들이 많이 알지는 못하지만, 종교개혁의 역사적 의미는 대단한 도시란다. 마틴 루터는 1505년에 에르푸르트 근방 슈토테른 하임에서 한 친구가 벼락에 맞아 죽는 것을 목격한 후 수도사가 되겠다고 결심하고 성 어거스틴 수도원으로 들어간다. 에르푸르트에는 16세기 당시 많은 수도원이 있었다고 하는데 그중에서도 특히 규율이 엄격하고 개혁의식을 동반한 학구열이 뜨거웠던 곳이 바로 어거스틴 수도원이었다 한다.

경건한 기독교의 가장 고상한 형태인 수도원생활을 통해 구원을 얻고자 했던 수도원 서약은 루터에게 일생의 전환점이 되었다. 수도원에 들어온 지 9개월 뒤 루터는 요한 폰 슈타우피츠를 만나게 된다. 당시 슈타우피츠는 중세 수도회에서 가장 존경받는 인물이었다고 한다. 슈타우피츠는 루터에게 성경연구와 에르푸르트대학에서 신학을 공부하도록 권유한다. 영적인 스승인 셈이다. 어거스틴 수도원에서 수도사 과정을 끝낸 루터는 1507년 2월 27일 사제서품을 받는데 그곳이 이 에르푸르트 대성당이다. 이 대성당은 1278~1400년까지 120여 년에 걸쳐 건축되었고 독일 고딕양식의 대표적인 걸작품으로 꼽힌다.

우리가 도착한 오후 시간에도 종교개혁 500주년 기념 축제가 많은 군중이 모인 가운데 열리고 있었다. 대성당으로 오르는 70계단이 세계에서 가장 아름다운 야외 축제 무대 중의 한 곳이라고 한다. 성당 내부로 들어가니 화려하고 아름다운 고딕양식의 제단과 유리창의 스테인드글라스는 숨이 막힐 정도의 화려함을 과시하고 있었다. 이 창문의 작품은 현존하는 중세 유리 예술품 가운데 규모가 가장 큰 것으로 알려져 있단다.

하이델베르그

호텔에서 아침 식사를 마치고 이번 순례의 마지막 일정인 하이델베르크로 이동했다. 오늘은 한국으로 돌아가야 하기에 조금 서둘렀다. 일정은 하이델베르크 고성과 낭만의 대학가 옛 다리, 시가지 관광을 하고 프랑크푸르트로 돌아와 시청사와 간단한 시가지 관광으로 잡혀있다. 1386년 선제후 루프레히트 1세에 의해 설립된 하이델베르크 대학교는 프라하 대학교와 빈 대학교의 뒤를 이어 독일어권에서는 가장 오래된 대학으로 16세기에 종교개혁의 보루가 되었다고 한다.

  30년 전쟁(1618~1648) 이후 쇠퇴 하였다가 프랑스혁명 이후 옛 명성을 회복하여 19세기 독일의 대표적인 대학이 되었다. 우리는 16세기와 17세기 초 건설되었다가 17세기 말 프랑스군에 의해 파괴된 하이델베르크 고성으로 향했다. 하이델베르크시는 1300년부터 성채가 있었으나 1400년경 선제후에게 어울리는 성을 지었다. 이후 200년 동안 증축되어 드디어 도시 위로 치솟는 웅장한 사암 건축물이 되었다. 이 성은 30년 전쟁 동안 하이델베르크 양쪽으로부터 공격을 받고 점령당했으며 그 와중에 심한 피해를 보았다. 전쟁이 끝나고 재건축을 시도했으나 1689~1693년 프랑스와의 전쟁 때문에 또 대부분 파괴되었다. 이후 성을 복원하기 위해 노력을 하지 않아서인지 성 내부는 파괴된 채로 방치되어 있었다. 지하에는 높이 8m의 세계에서 제일 큰 하이델베르크 툰 이라는 술통이 있었는데 무려 21만 리터의 포도주를 담을 수 있다고 한다.

  하이델베르크는 네카르 강변 골짜기 입구에 자리 잡은 아름다운 도시다. 독일에서 최초로 대학이 생겼고 수많은 문인과 화가 그리고 작곡가들이 활약했던 곳이다. 로베르트 슈만은 이 도시 하이델베르크 대학에서 1년간 법학을 공부하다 포기하고 작곡가가 되어 첫 작품(대학생 황태자)을 썼는데 이 곡은 지금도 매년 여름 하이델베르크 정원에서 연주되고 있다고 한다. 옛 다리에서 바라보는 고성의 품위는 우아하다. 품격이 있고 귀티가 난다. 네카르 강변을 따라 형성된 빨간 지붕의 도심은 우리를 동화 속 나라에 온듯한 착각에 빠지게 한다.

  하이델베르크 성을 둘러보고 성령교회 주변에 있는 식당으로 갔다. 이렇게 하루 일정을 마무리하는 동시에 이번 순례의 모든 일정도 마무리된다. 이제 프랑크푸르트로 가서 고국으로 돌아갈 것이다. 일행들의 표정에서는 아쉬움이 배어난다.

그동안 많은 것을 보고 듣고 느꼈다. 영국에서는 왕족과 귀족들의 노블레스 오블리주를, 프랑스에서는 사치와 부패의 끝을, 이탈리아와 스위스에서는 꿈과 살아가는 지혜를, 오스트리아에서는 문화와 조화 그리고 협상의 가치를 보았는가 하면 체코에서는 자유의 소중함을, 독일에서는 끝없는 욕망의 결말과 반성, 그리고 결단을 보고 느끼지 않았나 싶다.

맺는 글

웃고 울며 싸우고 달래는 것이 우리들 세상의 모습이다.
훗날 지난날을 그리워하며 좋은 사람들과 같이한 아름다운 추억을
오래 되새기는 것이 나의 작은 소망이다.
이때가 그리워지고 소중한 벗들이 보고 싶을 때
이 장을 펼쳐 보고파서 순례기로 남겨 본다.

1차 순례여행을 함께 해주신 분들

2차 순례여행을 함께 해주신 분들

3차 순례여행을 함께 해주신 분들

초판 1쇄 인쇄 2018년 03월 06일
초판 1쇄 발행 2018년 03월 12일
지은이 하일청

펴낸이 김양수
편집·디자인 하은진
교정 맑은샘

펴낸곳 도서출판 맑은샘
출판등록 제2012-000035
주소 경기도 고양시 일산서구 중앙로 1456(주엽동) 서현프라자 604호
전화 031) 906-5006
팩스 031) 906-5079
홈페이지 www.booksam.co.kr
블로그 http://blog.naver.com/okbook1234
페이스북 https://www.facebook.com/booksam.co.kr
이메일 okbook1234@naver.com

ISBN 979-11-5778-272-7 (03230)

* 이 책의 국립중앙도서관 출판시도서목록은 서지정보유통지원시스템 홈페이지
(http://seoji.nl.go.kr)와 국가자료공동목록시스템(http://www.nl.go.kr/kolisnet)에서 이용하실 수 있습니다.
(CIP제어번호 : CIP2018007564)

* 이 책은 저작권법에 의해 보호를 받는 저작물이므로 무단전재와 무단복제를 금지하며, 이 책 내용의 전부 또는 일부를 이용하려면 반드시 저작권자와 도서출판 맑은샘의 서면동의를 받아야 합니다.

* 파손된 책은 구입처에서 교환해 드립니다.   * 책값은 뒤표지에 있습니다.